CANNELLONI
mit Mangold und Tofu

Diese Cannelloni brauchen ein bisschen Zeit, aber Sie lernen, Ihren eigenen Tofu aus Sojamilch herzustellen! Werfen Sie die dabei entstehende Molke nicht weg – sie enthält viel Protein und schmeckt köstlich in einer Suppe oder Brühe.

3-4 Personen

Zubereitungszeit: 40 Minuten
Ruhezeit: 25 Minuten
Garzeit: 30 Minuten

1 l Sojamilch
3 EL Zitronensaft
3 EL Apfelessig
250 g Mangoldblätter
2 Schalotten
1 Knoblauchzehe
2 EL Olivenöl
Salz, Pfeffer
8–10 Cannelloni
40 g Sonnenblumenkerne
100 ml vegane Sahne +
etwas zum Übergießen
1 EL Paniermehl

1. Für den Tofu die Milch in einen großen Topf geben und zum Kochen bringen. Den Zitronensaft und den Apfelessig hinzufügen, ein- bis zweimal mit einem Holzlöffel umrühren, vom Herd nehmen und 15 Minuten gerinnen lassen. In der Milch sollen sich größere Klümpchen von der Molke trennen. Wenn dem nicht so ist, die Mischung wieder zum Kochen bringen, erneut 2 EL Essig oder Zitronensaft hinzufügen und noch einmal zum Gerinnen zur Seite stellen. Den Inhalt des Topfes in ein feines, mit einem Stofftuch ausgelegtes und über eine große Schüssel gehängtes Sieb gießen. 10 bis 15 Minuten abtropfen lassen, dabei, wenn nötig, leicht mit einem Holzlöffel auspressen. Die Molke fließt in die Schüssel und im Sieb bleibt der Tofu zurück.

2. Die Mangoldblätter waschen und hacken. Schalotten und Knoblauch schälen und hacken. Alles 10 Minuten in dem Olivenöl andünsten, dann salzen und pfeffern.

3. Einen großen Topf mit Wasser zum Kochen bringen und darin die Nudeln nach Packungsanweisung kochen. Dabei ab und zu umrühren, damit sie nicht aneinanderkleben. Abgießen und abtropfen lassen. Den Backofen auf 180 °C (Ober- und Unterhitze) vorheizen.

4. Die Sonnenblumenkerne in einer Pfanne ohne Öl ein paar Minuten rösten, danach grob hacken. Den Tofu mit dem Mangold und ¾ der Sonnenblumenkerne mischen und die Mischung mit einem kleinen Löffel oder einem Spritzbeutel in die Cannelloni füllen. In eine Auflaufform geben, mit der Sahne begießen und mit Paniermehl und den restlichen Sonnenblumenkernen bestreuen. Etwa 20 Minuten überbacken und währenddessen noch etwas Sahne hinzufügen. Heiß servieren.

KLASSIKER NEU ERFUNDEN

SPAGHETTI
mit Seitanbällchen und Tomatensauce

Einer der großen Klassiker in einer italienischen Trattoria – Spaghetti mit
Hackfleischbällchen – ist glücklicherweise für Veganer nicht tabu: Diese saftige,
köstlich duftende und sehr tröstliche Version mit Seitan und roten Bohnen steht
dem Original in absolut nichts nach. Sie können die Kidneybohnen durch Kichererbsen ersetzen und selbst gemachten oder gekauften Seitan verwenden. Beden-
ken Sie immer, dass jeder Seitan seine eigene Konsistenz hat und dass das Ergebnis
daher jedes Mal ein anderes sein wird. Fügen Sie ein wenig Speisestärke hinzu,
wenn die Masse Ihnen zu feucht erscheint, oder ein wenig Tomatenmark
oder Tamari im gegenteiligen Fall.

4 Personen

Zubereitungszeit: 25 Minuten
Kochzeit: 20 Minuten

1 Knoblauchzehe
2 Schalotten
3 EL Olivenöl
1 EL Tomatenmark
1 TL geräuchertes
Paprikapulver
2 TL Tamari
280 g Seitan
200 g gekochte Kidneybohnen
2 EL veganer Parmesan
(siehe Rezept Seite 24)
oder 1 EL Hefeflocken + 1 EL
gemahlene Mandeln
Salz, Pfeffer
2 EL frisch gehackte Petersilie
Tomatensauce für 4 Personen
(siehe Rezept Seite 25)
400 g Spaghetti
evtl. veganer Parmesan (siehe
Rezept Seite 24) zum Servieren

1. Für die Seitanbällchen den Knoblauch schälen und den Keim
entfernen. Die Schalotten ebenfalls schälen. Beides klein schneiden und 3 bis 4 Minuten in 1 EL Olivenöl glasig andünsten,
dann das Tomatenmark, das Paprikapulver und die Tamarisauce
dazugeben, umrühren und vom Herd nehmen.

2. Den Seitan in Stücke schneiden und zusammen mit den
Bohnen (gewaschen und abgetropft, wenn sie aus der Dose
kommen), dem veganen Parmesan und der Zwiebel-Knoblauch-
Mischung in den Mixer geben, salzen und pfeffern. Stoßweise
im Mixer zerkleinern, die Petersilie hinzufügen und noch einmal
schnell mixen, damit sich alle Zutaten gut vermischen.

3. Mit feuchten Händen aus der Masse Bällchen formen. Das
restliche Olivenöl in einer beschichteten Pfanne erhitzen und
die Bällchen darin von allen Seiten 6 bis 7 Minuten anbraten.
Die Tomatensauce dazugeben und zusammen mit den Bällchen
erhitzen.

4. Die Spaghetti nach Packungsanweisung kochen, abtropfen
lassen und mit den Seitanbällchen und der Tomatensauce servieren. Nach Wunsch mit etwas veganem Parmesan bestreuen.

KLASSIKER NEU ERFUNDEN

KLASSIKER
neu
erfunden

BÉCHAMELSAUCE
aus weißen Bohnen

In dieser erstaunlichen Béchamelsauce werden Butter, Milch und Mehl der traditionellen Zubereitung durch eine einfache aromatische Creme aus weißen Bohnen ersetzt, die sehr viel hochwertiges Protein enthält. Vor allem ist sie im Handumdrehen fertig, was bei Rezepten mit Hülsenfrüchten nicht oft der Fall ist! Sie ist perfekt für Lasagne (siehe Rezept auf Seite 42) oder Cannelloni, aber auch, um ein Nudelgericht mit Gemüse zu verfeinern.

1 kleine Schüssel

Zubereitungszeit: 10 Minuten

200 g gekochte weiße Bohnen
(selbst gekocht oder
aus dem Glas)
1 EL Zitronensaft
2 TL Hefeflocken
1 Prise Knoblauchpulver
1 Prise Muskatnuss
1 TL Instant-Gemüsebrühe
(oder ½ Würfel, zerbröselt)
Salz, Pfeffer

Die weißen Bohnen abspülen und abtropfen lassen, wenn sie aus der Dose kommen. Zusammen mit dem Zitronensaft, den Hefeflocken, dem Knoblauch und der Muskatnuss in den Mixer geben, (vorsichtig) salzen und pfeffern. Aus der Instant-Gemüsebrühe und 90 ml heißem Wasser eine Brühe zubereiten und zu den anderen Zutaten geben. So lange mixen, bis eine flüssige und homogene Creme entstanden ist. Wenn gewünscht, noch etwas Gemüsebrühe hinzufügen. Rasch servieren.

Tipp

Verzehren Sie die Sauce zeitnah, da sie leicht austrocknet – in diesem Fall etwas Gemüsebrühe dazugeben und noch einmal kurz mixen.

GRUNDREZEPTE

Geröstete
KERNE MIT TAMARI

Bei dieser ganz einfachen Zubereitung handelt es sich eigentlich um mein
Lieblingsrezept für selbst gemachte Aperitif-Knabbereien – hier habe ich es
zu einem knusprigen Topping abgewandelt. Würzen Sie es ganz nach Ihrem
Geschmack und genießen Sie es zu Pasta mit Alfredo-Sauce (siehe Rezept Seite 48)
oder zu einer asiatischen Nudelsuppe.

1 kleine Schüssel

Zubereitungszeit: 10 Minuten

25 g Mandeln
40 g Cashewnüsse
30 g Sonnenblumenkerne
3 EL Tamari
Optional: 1 TL Kreuzkümmel,
1 gute Prise Knoblauchpulver,
1 TL granulierte Zwiebel,
1 TL getrockneter Thymian
oder Kräuter der Provence oder
½ TL geräuchertes
Paprikapulver

Die Mandeln, Nüsse und Kerne ohne Fett in einer kleinen
Pfanne, nach Möglichkeit mit einem dicken Boden, 3 bis 4 Minuten rösten. Dabei immer wieder umrühren, bis sie beginnen zu
bräunen. Die gewünschten Gewürze und Kräuter hinzufügen,
noch 1 Minute weiterrösten, dann die Pfanne vom Herd nehmen
und die Tamarisauce dazugeben. Rasch vermischen, alles auf
einen Teller geben und abkühlen lassen. Dann nach Geschmack
mehr oder weniger fein hacken. In einem luftdicht verschlossenen Behälter bei Zimmertemperatur aufbewahren und innerhalb von 3 bis 4 Tagen verzehren.

WALNUSSPESTO

Dieses reichhaltige und würzige Pesto passt ideal zu einem Gericht mit Vollkorn-
pasta aus Einkorn-, Buchweizen- oder Quinoamehl oder mit Wintergemüse.
Sie können die Petersilie auch durch andere aromatische Kräuter ersetzen
(z. B. Koriander, Schnittlauch, Estragon) und die dunkle Misopaste gegen
weiße eintauschen, die sehr mild und sämig ist.

1 Schale

Zubereitungszeit: 10 Minuten

60 g Walnusskerne
1 Knoblauchzehe
1 gehäufter EL gehackte
Petersilie
50 g Olivenöl
2 TL dunkle (oder weiße)
Misopaste

Die Walnüsse nach Geschmack mehr oder weniger fein hacken.
Den Knoblauch schälen, den Keim entfernen und die Zehe
zerdrücken. Die Nüsse mit Knoblauch und der gehackten
Petersilie vermischen, das Olivenöl in einem dünnen Strahl
hinzufügen und dabei ständig weiterrühren oder mixen. Zum
Schluss die Misopaste dazugeben und alles gut vermischen.
Abschmecken und, wenn gewünscht, etwas mehr Petersilie oder
Miso hinzufügen. Die Menge an Olivenöl kann bei Bedarf auch
leicht erhöht werden.

Tipp

Bereiten Sie nur eine kleine
Menge des Pestos zu, da die
gehackten Nüsse schnell ranzig
werden – es hält sich nur 2 bis
3 Tage im Kühlschrank.

GRUNDREZEPTE

GREMOLATA

Gremolata ist eine Würzmischung, die aus Mailand stammt, und aus Petersilie, Knoblauch und Zitrone besteht. Erfrischend, dekorativ und sehr vitaminreich passt sie auch hervorragend zu einem Gericht mit frischer Pasta. Diese Variante enthält zusätzlich Orange und schmeckt lecker zu winterlichen Rezepten mit Kürbis oder Wurzelgemüse. Im Sommer passen zum Beispiel Zucchini gut dazu, dann einfach die Orangenschale weglassen und ausschließlich Zitronenschale verwenden. Bereiten Sie jeweils nur eine kleine Menge der Gremolata zu und verzehren Sie sie am selben oder spätestens am folgenden Tag – das Aroma verfliegt nämlich sehr schnell.

3-4 Personen

Zubereitungszeit: 5 Minuten

½ Bund Petersilie
1 oder 2 Knoblauchzehen
(je nach Größe und
gewünschter Intensität)
abgeriebene Schale
von 1 Bio-Zitrone
abgeriebene Schale von
½ Bio-Orange
2 EL Olivenöl
1 Prise Salz

Die Petersilie waschen, trocken schütteln und die Blätter abzupfen. Den Knoblauch schälen und die Keime entfernen. Beides fein hacken. Alle Zutaten in einer kleinen Schüssel gründlich miteinander vermischen. Die Gremolata in einem Glas im Kühlschrank aufbewahren und innerhalb von 48 Stunden verbrauchen.

Varianten

Kreieren Sie Ihre eigenen Rezepte, indem Sie aromatische Kräuter mit Zitrusfrüchten kombinieren: zum Beispiel Orange und Koriander, Basilikum und Zitrone, Minze oder Melisse und Limette … Sie können auch den Knoblauch durch gehackte Schalotten ersetzen und/oder die Mischung mit zerstoßenen rosa Pfefferkörnern verfeinern.

GRUNDREZEPTE

GERÖSTETE KICHERERBSEN

Supereinfach zubereitet, sind diese im Backofen gerösteten Kichererbsen ein köstliches und knuspriges Topping für fast jedes Nudelgericht. Oder auch pur ein leckerer Snack zum Aperitif. Hier kommt meine Lieblingsvariante mit Thymian und Kreuzkümmel.

1 Schale

Vorbereitungszeit: 5 Minuten
Röstzeit: 25 Minuten

200 g gekochte Kichererbsen (aus der Dose, gewaschen und abgetropft)
1 EL Olivenöl
1 gehäufter TL getrockneter Thymian
1 TL gemahlener Kreuzkümmel
1 gute Prise Piment d'Espelette
Salz, Pfeffer

Den Backofen auf 200 °C (Ober- und Unterhitze) vorheizen. Die Kichererbsen in eine Schüssel geben, das Olivenöl und die Gewürze hinzufügen, salzen und pfeffern. Die Kichererbsen nebeneinander auf einem mit Backpapier ausgelegten Backblech verteilen und 20 bis 25 Minuten rösten oder so lange, bis sie schön gebräunt sind. Vor dem Servieren lauwarm oder komplett abkühlen lassen.

Varianten

Süßliche Gewürze (Kurkuma, Zimt, Ingwer, Kardamom), abgeriebene Zitronen- oder Orangenschale, aromatische Kräuter nach Wahl (Estragon, Kräuter der Provence) oder einen Spritzer Tamari.

GRUNDREZEPTE

CASHEWCREME

Was wären vegane Pastagerichte ohne ihre Cashewcreme? Dieses ganz einfache, überaus cremige und köstlich nach Käse schmeckende Rezept ist in Sekundenschnelle im Mixer zubereitet und verfeinert jedes Nudelgericht.

1 Schale (4 Personen)

Einweichzeit: 3–4 Stunden
Zubereitungszeit: 5 Minuten

100 g Cashewnüsse (für
3–4 Stunden in Wasser
eingeweicht)
1 EL Zitronensaft
1 TL granulierte Zwiebel
⅓ TL Knoblauchpulver
2 EL Hefeflocken
½ TL Meersalz
ein paar Umdrehungen mit der
Pfeffermühle

Die eingeweichten Cashewnüsse abspülen und mit 125 g Wasser und den anderen Zutaten in den Mixer geben. So lange mixen, bis eine glatte und gleichmäßige Creme entstanden ist. Ein bisschen Wasser hinzufügen, wenn es etwas flüssiger werden soll. Abschmecken und eventuell mit etwas Salz und Pfeffer oder einem Hauch Hefeflocken nachwürzen, falls ein stärkerer Käsegeschmack gewünscht ist.

Tipp

Wenn Sie vergessen haben, die Cashewnüsse einzuweichen, hier eine schnelle Alternative: Wasser zum Kochen bringen, vom Herd nehmen und die Cashewnüsse für 20 Minuten hineingeben. Abspülen und mixen!

Varianten

Geben Sie dem Rezept gern eine individuelle Note, je nachdem, wozu es serviert wird: zum Beispiel 1 TL geräuchertes Paprikapulver, Schnittlauchröllchen, abgeriebene Zitronenschale, ein bisschen Misopaste oder etwas Tamarisauce.

GRUNDREZEPTE

Mandel-Basilikum-Pesto

Hier kommt eine vegane Variante des großen Klassikers der italienischen Küche: viel Basilikum, Mandeln und Cashewnüsse für die Süße und die leicht krümelige Konsistenz, natürlich Knoblauch und ein Hauch Hefeflocken für den Käsegeschmack. Zu verwenden auf allen Nudelgerichten mit Sommergemüse!

1 Glas

Zubereitungszeit: 10 Minuten

3 große Handvoll Basilikumblätter (ungefähr 50 g)
40 g ungeschälte Mandeln
40 g Cashewnüsse
2 Knoblauchzehen
½ TL Salz
2 EL Hefeflocken
80 g Olivenöl

Die Basilikumblätter waschen, vorsichtig trocken tupfen und zusammen mit den Mandeln, den Cashewnüssen, den geschälten Knoblauchzehen (die Keime vorher entfernen) und dem Salz in einen Mixer geben. Etwa 10 Sekunden mixen, bis eine körnige Masse entstanden ist. Die Hefeflocken hinzufügen, zum Einarbeiten mixen, danach weitermixen und nach und nach das Olivenöl hinzufügen. Abschmecken und, wenn gewünscht, nachwürzen oder noch etwas Olivenöl dazugeben (siehe Anmerkung). In einem luftdicht verschlossenen Behälter im Kühlschrank aufbewahren und innerhalb von 2 Wochen verbrauchen.

Anmerkung

Dieses Pesto enthält viele Kerne und ist eher fest. Sie können Olivenöl hinzufügen, damit es flüssiger wird, oder es mit etwas Wasser verlängern, bis Sie die gewünschte Konsistenz erhalten.

GRUNDREZEPTE

KNOBLAUCH-CROÛTONS

Diese kleinen gerösteten Brotwürfel sind mit Knoblauch, Kräutern der Provence
und Piment d'Espelette gewürzt. Superleicht herzustellen, sind sie eine
hervorragende Möglichkeit, ein altes, trockenes Stück Brot zu verwerten.
Und sie schmecken köstlich auf einem sahnigen oder saucigen Nudelgericht,
dem sie den nötigen Crunch verleihen.

1 große Schüssel

Vorbereitungszeit: 10 Minuten
Backzeit: 12 Minuten

3 EL Olivenöl
2 Knoblauchzehen
2 TL getrocknete Kräuter der
Provence oder getrockneter
Oregano
½ TL Piment d'Espelette
½ TL Meersalz
150 g altbackenes Brot

1. Den Backofen auf 200 °C (Ober- und Unterhitze) vorheizen.

2. Das Olivenöl mit den geschälten und zerdrückten Knoblauchzehen (die Keime vorher entfernen), den Kräutern der Provence,
dem Piment d'Espelette und dem Salz in einer großen Schüssel
vermischen. Das in etwa 1,5 cm große Würfel geschnittene Brot
hinzufügen und alles gut mit den Händen vermengen, um die
Brotwürfel rundum mit der Würzmischung zu bedecken.

3. Die Croûtons mit Abstand auf einem mit Backpapier ausgelegtem Backblech verteilen und etwa 12 Minuten backen oder
so lange, bis sie knusprig sind und eine schöne Farbe haben.
Innerhalb von 3 Tagen verzehren.

GRUNDREZEPTE

Sauce aus GEGRILLTEN TOMATEN

Dies ist eine köstliche Variante der klassischen Tomatensauce, die auf keinem Nudelgericht, das etwas auf sich hält, fehlen darf. In diesem Rezept werden die Tomaten zuerst lange im Backofen gegrillt, bevor sie mit einigen ausgewählten Gewürzen in den Topf wandern, wo sie den letzten geschmacklichen Schliff erhalten. Verwenden Sie schöne, sehr reife Tomaten – die vom Ende der Saison sind oft die besten!

4 Personen

Zubereitungszeit: 15 Minuten
Garzeit: 1 Stunde 20 Minuten

8 sehr reife Tomaten
50 ml Olivenöl + 2 EL
2–3 Knoblauchzehen, je nach Geschmack
2 Schalotten
1 große Prise brauner Zucker
5–6 Basilikumblätter
Salz, Pfeffer

1. Die Tomaten waschen, halbieren und die Kerne grob entfernen. Mit der Haut nach unten auf ein mit Backpapier ausgelegtes Backblech legen, mit 2 EL Olivenöl beträufeln und im vorgeheizten Ofen 1 Stunde bei 180 °C (Ober- und Unterhitze) grillen. Anschließend in einem Sieb abtropfen lassen (der aufgefangene Saft kann für eine Suppe, eine Brühe oder als Basis für eine Sauce verwendet werden) und die Haut abziehen.

2. Den Knoblauch schälen, die Keime entfernen und die Zehen in Scheiben schneiden. Die Schalotten ebenfalls schälen und hacken. Das Olivenöl in einem Topf mit dickem Boden erhitzen, Schalotten und Knoblauch hineingeben. 2 Minuten unter Rühren andünsten, dann die Tomaten und den Zucker dazugeben.

3. Bei schwacher Hitze unter gelegentlichem Rühren etwa 20 Minuten köcheln lassen, oder so lange, bis die Sauce die gewünschte Konsistenz hat. Wenn die Sauce glatter werden soll, einmal kurz mit dem Pürierstab mixen. Das Basilikum hinzugeben, salzen und pfeffern.

10 SAUCEN UND TOPPINGS FÜR GENIESSER

VEGANER PARMESAN

Dieser vegane Parmesan aus Nüssen ist nicht nur köstlich und einfach herzustellen, sondern er enthält dank der Paranüsse auch sehr viel des wertvollen Spurenelements Selen. Mein Tipp: Testen Sie bei den Hefeflocken unterschiedliche Marken und wählen Sie Ihre Lieblingssorte aus, sie schmecken nämlich alle etwas unterschiedlich!

1 kleine Schüssel

Zubereitungszeit: 5 Minuten

60 g Cashewnüsse
30 g Paranüsse
3 EL Hefeflocken
1 gestrichener TL Meersalz
½ TL Knoblauchpulver

Die Cashew- und Paranüsse mit der Pulsfunktion im Mixer zerkleinern, bis ein grobes Mehl entstanden ist. Die anderen Zutaten hinzufügen und noch mal kurz mixen. In einem luftdicht verschlossenen Behälter im Kühlschrank aufbewahren und innerhalb von 2 Wochen verbrauchen.

Varianten

Verwenden Sie ausschließlich Cashewnüsse oder eine Mischung aus Cashew- und Macadamianüssen.

GRUNDREZEPTE

Tipp

Bei der Herstellung von Gemüsenudeln mit einem Spiralschneider,
einem Gemüseschäler oder einem
Gemüsehobel fallen immer Reste an,
da die Endstücke in der Hand oder im
Gerät bleiben. Diese Reste bewahre
ich im Tiefkühlfach auf und bereite
daraus eine bunte Gemüsesuppe zu,
sobald ich genug gesammelt habe.

Wie werden
GEMÜSENUDELN ZUBEREITET?

Viele Gemüsesorten können roh verzehrt werden, im Salat mit einer Vinaigrette und leckeren Toppings. Meine liebste Zubereitungsart bleibt aber das Garen al dente in der Pfanne oder im Wok, ideal für Gemüse mit kurzer Garzeit (wie Zucchini, Kohl oder Rettich). Andere Gemüsesorten können Sie genauso zubereiten und 2 bis 3 EL Wasser hinzufügen, bevor Sie einen Deckel auflegen und alles ein paar Minuten länger bei geringer Hitze dünsten. Oder Sie entscheiden sich fürs Dampfgaren, dabei bleibt das Gemüse schön knackig und verliert nur wenig an Nährstoffen. Aber Achtung: Egal, welche Art der Zubereitung Sie wählen, nehmen Sie das Gemüse vom Herd, so lange es noch etwas Biss hat, denn es wird in den folgenden Minuten noch nachgaren. Ich plane in der Regel mit einer kurzen Garzeit und 3 bis 5 Minuten Ruhezeit (ohne Deckel) neben der Herdplatte, bevor ich anrichte und serviere.

Tolle Ideen für Gemüsenudeln

Bereiten Sie Ihre Gemüsenudeln wie echte Pasta zu, indem Sie Öl und Gewürze darübergeben, eine Sauce Ihrer Wahl, knackige Kerne oder veganen Käse ... und genießen Sie sie sofort, bevor sie zu sehr aufweichen!

Unbedingt ausprobieren: Zoodles mit einer Sauce aus gekochten oder ungekochten Tomaten (siehe Rezepte Seite 25 und 68), veganem Parmesan und gerösteten Sonnenblumenkernen; Butternut-Spaghetti, geschwenkt in Kokosöl mit 1 oder 2 gehackten Schalotten, danach 5 Minuten abgedeckt mit ein bisschen Orangensaft bei kleiner Hitze köcheln lassen und mit einer Gremolata aus Zitrusfrüchten servieren (siehe Rezept Seite 30); eine Mischung aus Apfel und Roter Bete als Salat mit Walnusspesto (siehe Rezept Seite 31); Spaghetti aus Zucchini und Paprika mit Mandel-Basilikum-Pesto (siehe Rezept Seite 27); dampfgegarte Karotten mit gerösteten Kichererbsen (siehe Rezept Seite 29). Vielleicht haben Sie auch Spaß daran, mal eine Lasagne mit Kürbis- oder Zucchini-Blättern zuzubereiten, oder vegane Bratlinge aus Gemüse-Spaghetti und etwas Stärke!

GRUNDREZEPTE

Mit einem Spiralschneider: Das ist die Luxusvariante, die aber trotzdem nicht sehr viel kostet. Die Anschaffung lohnt sich auf jeden Fall, wenn Sie, wie ich, mehrmals in der Woche Gemüsenudeln essen. Es gibt zahlreiche Modelle: kleine und mit der Hand zu bedienende, elektrische oder Profigeräte. Einige große Hersteller von Küchenmaschinen bieten auch Spiralschneider-Aufsätze an. Je nach Gerät können Sie unterschiedliche Klingen verwenden (Fettuccine, Spaghetti, Fadennudeln, Bandnudeln usw.) und unterschiedliche Gemüsesorten verarbeiten, von ganz weichen bis hin zu ganz festen. Der Spiralschneider stellt mit nur einem Dreh an der Kurbel tolle, elastische und gewellte Nudeln her und bleibt die ideale Option, wenn es Ihnen nichts ausmacht, in ein zusätzliches Küchengerät zu investieren. Achtung: Die Schnittfläche des Gemüses muss ausreichend groß sein, damit die Klingen es verarbeiten können und einige Geräte haben Schwierigkeiten mit sehr festen Gemüsesorten. Das sollten Sie vor dem Kauf überprüfen!

Kleinere Modelle, die wie ein Spitzer zu bedienen sind, sind nur wenig aufwendiger in der Handhabung, funktionieren aber ganz genauso beim Herstellen von sich kringelnden Spaghetti, die sich ebenfalls sehen lassen können – auch wenn sie nicht ganz so gleichmäßig werden wie mit einem größeren Modell. Wenn Sie ihn nur ab und zu benutzen, ist solch ein einfacher Spiralschneider ideal. Ich empfehle ihn aber nicht für den regelmäßigen Gebrauch, denn die Nudel-Herstellung ist damit doch etwas langwieriger – dann ist die Option Gemüseschäler mit Julienne-Klinge besser und weniger anstrengend für die Handgelenke.

Welches Gemüse eignet sich?

Aus den meisten relativ festen (Obst- und) Gemüsesorten können Spaghetti hergestellt werden, so zum Beispiel aus: Kürbis, Roter Bete, Karotte, Gurke, Apfel, Süßkartoffel, Rettich, Kohl, Steckrübe oder Paprika. Und dann gibt es natürlich noch die inzwischen wohl bekanntesten Vertreter – die Zoodels, die aus Zucchini gedreht werden. Da Zucchini sehr weich sind, können sie auch toll zu Tagliatelle oder vielseitig einsetzbaren Lasagneblättern verarbeitet werden.

GEMÜSENUDELN –
eine Gebrauchsanweisung

Nudeln aus Gemüse sind eine ausgezeichnete Möglichkeit, mehr Gemüse und weniger Kohlenhydrate zu essen und dabei gleichzeitig mehr Abwechslung auf den Teller zu bringen – und das selbstverständlich ganz ohne Gluten. Sie sind sehr einfach, schnell und ohne Spezial-Equipment herzustellen, kochen nur wenige Minuten (praktisch vor allem bei Gemüsesorten wie Kürbis oder Süßkartoffel, die eigentlich lange garen) und lassen sich auf unendlich viele Arten zubereiten. Auch für Kinder sind sie gut geeignet, die Gemüse plötzlich sehr viel attraktiver finden werden!

Wie werden Gemüsenudeln hergestellt?

Zwei sowohl klassische als auch vielseitig einsetzbare Varianten sind Tagliatelle und Spaghetti. Um diese zu fabrizieren, haben Sie mehrere Optionen:

Mit dem Gemüsehobel: Die meisten Gemüsehobel haben eine spezielle Julienne-Klinge, die ganz saubere und gleichmäßige Streifen schneidet. Wenn man das gewünschte Gemüse der Länge nach damit hobelt, erhält man in kürzester Zeit tolle Spaghetti, eher dick, aber recht stabil, die beim Kochen weich werden. Ohne die entsprechende Klinge kann man den Gemüsehobel auch sehr fein einstellen, das Gemüse zu dünnen Scheiben hobeln (auf die Finger aufpassen!) und anschließend zu Tagliatelle in der gewünschten Breite schneiden – oder auch zu Spaghetti, wenn man genügend Zeit und Geduld hat.

Mit einem Sparschäler: Anstatt nur die Schale des Gemüses zu entfernen, schälen Sie einfach weiter – so erhalten Sie Bandnudeln, die Sie anschließend mit einem Messer zu schmaleren Tagliatelle schneiden können. Es gibt auch Gemüseschäler mit geriffelten Julienne-Klin-gen, die sich wunderbar zur Herstellung von Gemüsenudeln eignen. Das ist meiner Meinung nach eine der unkompliziertesten und effizientesten Methoden, um kostengünstig tolle Spaghetti herzustellen – auch wenn man damit etwas länger braucht als mit dem Gemüsehobel oder einem Spiralschneider (siehe nächste Seite), da man das Gemüse drehen und von allen Seiten schälen muss, um gleichmäßige Nudeln zu erhalten.

BUNTE PASTA

Nichts ist einfacher, als Ihre Nudeln mit natürlichen Farbstoffen aufzupeppen:
Auf schmackhafte Art und Weise reichern Sie sie so mit Nährstoffen aus Gemüse
und Superfood an. Passen Sie gern die Mengen für Wasser und Mehl an,
um die gewünschte Konsistenz zu erhalten. Die angegebenen Mengen
gelten pro Person.

Für rosafarbene Nudeln

In einer großen Schüssel 100 g Mehl mit 50 g
Rote-Bete-Saft (oder einem Stück geschälter Ro-
ter Bete mit Wasser gemixt) vermischen. Wenn
die Zutaten beginnen, sich zu verbinden, 1 EL
Olivenöl hinzufügen und eine geschmeidige
Teigkugel formen. 5 bis 10 Minuten kneten.

Für gelbe Nudeln

In einer großen Schüssel 100 g Mehl mit
50 g lauwarmem Wasser und 1 gehäuftem TL
Kurkumapulver vermischen. Wenn die Zutaten
beginnen, sich zu verbinden, 1 EL Olivenöl
hinzufügen und eine geschmeidige Teigkugel
formen. 5 bis 10 Minuten kneten.

Für grüne Nudeln

1 Handvoll Spinat (ohne Stängel) in einem
Topf mit Deckel und 1 bis 2 EL Wasser erhitzen
und zusammenfallen lassen. Gut abtropfen
lassen, bis der Spinat möglichst trocken ist,
dann 30 g davon mit 40 g Wasser pürieren. In
eine große Schüssel geben und mit 100 g Mehl
vermischen. Wenn die Zutaten beginnen, sich
zu verbinden, 1 EL Olivenöl hinzufügen und
eine geschmeidige Teigkugel formen. 5 bis
10 Minuten kneten.

Für schwarze Nudeln

In einer großen Schüssel 100 g Mehl mit 50 g
lauwarmem Wasser und 1 TL Aktivkohle (aus

dem Bioladen oder der Apotheke) vermischen.
Wenn die Zutaten beginnen, sich zu verbinden,
1 EL Olivenöl hinzufügen und eine geschmeidige Teigkugel formen. 5 bis 10 Minuten
kneten.

Für violette Nudeln

In einer großen Schüssel 100 g Mehl mit 50 g
Blaubeersaft vermischen. Wenn die Zutaten
beginnen, sich zu verbinden, 1 EL Olivenöl
hinzufügen und eine geschmeidige Teigkugel
formen. 5 bis 10 Minuten kneten.

Oder aber ...

... für gelbe Nudeln: Butternutkürbis, Kichererbsenmehl, Safran

... für orangefarbene Nudeln: Karottensaft,
Tomatenmark, Hokkaidokürbis, rote Linsen

... für rote Nudeln: Kirsch- oder Cranberrysaft,
rote Bohnen

... für rosafarbene und violette Nudeln: Ne-
rone-Reis, Johannisbeersaft + 1 TL Zitronensaft,
Rhabarber (mit Schale gekocht), Hibiskustee

... für blaue Nudeln: Kultur-Heidelbeeren,
Spirulina, Rotkohlsaft

... für grüne Nudeln: gekochter und pürierter
Brokkoli, Rucola, Pistazienmus, Matcha-Tee

Ideen für Varianten

Aromatisieren Sie den Teig mit:
- ✘ 2 TL getrockneten Kräutern (Estragon, Schnittlauch, Kräuter der Provence oder Oregano)
- ✘ 1 gehäuften TL Gewürzen (Kreuzkümmel, Curry, Kurkuma, Kardamom)
- ✘ 1 Prise Piment d'Espelette oder Cayennepfeffer
- ✘ abgeriebener Schale von 1 Bio-Orange (köstlich zu Kürbis)

Trauen Sie sich auch, Farben auszuprobieren (siehe Seite 18)!

LASAGNEBLÄTTER
mit Quinoa und Zitrone

Frische Lasagneblätter können ohne viel Aufwand selbst gemacht werden – der Teig muss ja nur zu Platten gewalzt und nicht noch zugeschnitten werden. Außerdem sind sie viel geschmeidiger als die gekauften! Sie können sie in der richtigen Größe für Ihre Auflaufform zuschneiden und sie ganz nach Ihren Wünschen aromatisieren: Diese hübsche goldfarbene Variante mit Quinoamehl und abgeriebener Zitronenschale schmeckt besonders gut mit Zucchini, einer Béchamelsauce und einem Klecks Basilikumpesto.

4-6 Personen

Zubereitungszeit: 30 Minuten
Ruhezeit: 30 Minuten

120 g Weizenmehl (Type 1050)
+ ein wenig für
die Verarbeitung
80 g Quinoamehl
abgeriebene Schale von
1 Bio-Zitrone
1 Prise Kurkumapulver
(optional für die Farbe)
2 EL Olivenöl

1. Das Weizen- sowie das Quinoamehl mit der abgeriebenen Zitronenschale und dem Kurkuma (wenn gewünscht) in einer großen Schüssel vermischen. 100 ml lauwarmes Wasser hinzufügen und so lange verrühren, bis sich der Teig verbindet. Dann das Olivenöl dazugeben und 10 Minuten mit der Hand oder 5 Minuten mit der Küchenmaschine kneten. Mit Frischhaltefolie abdecken und 30 Minuten ruhen lassen.

2. Den Teig in vier Stücke teilen und drei davon wieder mit Frischhaltefolie bedecken (oder in einen Gefrierbeutel geben). Das erste Teigstück leicht zwischen den Händen flach drücken. Drei- bis viermal mit größtem Walzenabstand durch die Nudelmaschine drehen und dabei den Teig nach jedem Durchgang zusammenfalten. Für eine schöne rechteckige Form den Teig dreilagig falten, beide Enden zur Mitte hin überlappend. Dann die Teigplatte von beiden Seiten leicht mit Mehl bestäuben und nach jedem weiteren Durchgang den Walzenabstand verringern (ab jetzt müssen Sie nicht mehr falten), bis die Stufe 6 erreicht ist. Die Teigplatte in der Mitte durchschneiden, wenn sie zu lang – und damit zerbrechlich – wird, oder gleich in die richtige Größe für die Form. Die restlichen Teigstücke genauso verarbeiten.

3. Die fertigen Lasagneblätter auf ein sauberes Geschirrtuch legen, ohne dass sie einander überlappen. Sie können sofort verwendet werden. Vorkochen ist nicht nötig, einfach die Lasagne in der Form schichten und im heißen Backofen 30 Minuten garen.

GRUNDREZEPTE

TROFIE
aus Kichererbsenmehl

Trofie sind kleine, für Ligurien typische Nudeln mit einer unregelmäßig gedrehten Form, die besonders gut Saucen aufnehmen – man serviert sie oft mit Pesto. Sie werden ohne Nudelmaschine, nur mit der Hand, hergestellt. Meine glutenfreie Variante enthält Kichererbsenmehl und schmeckt köstlich mit einer Sauce aus frischen Tomaten, Auberginenpüree oder kleinen gebratenen Kürbiswürfeln.

4 Personen

Zubereitung: 1 Stunde
Kochzeit: 8 Minuten
Ruhezeit: 30 Minuten

30 g goldene Leinsamen
300 g Kichererbsenmehl
60 g Pfeilwurzelmehl
20 g Olivenöl
Salz

1. Den Leinsamen im Mixer zerkleinern und mit 180 g lauwarmem Wasser vermischen. 10 Minuten quellen lassen.

2. Das Kichererbsenmehl und das Pfeilwurzelmehl in einer großen Schüssel vermischen und in die Mitte eine Vertiefung drücken. Die Leinsamen-Wasser-Mischung hineingeben und alles mit einem Teigschaber verrühren, bis der Teig eine krümelige Konsistenz hat. Das Olivenöl hinzufügen und 5 Minuten mit der Hand kneten, bis eine geschmeidige, aber feste Teigkugel entsteht. Den Teig in Frischhaltefolie wickeln oder in einen Gefrierbeutel geben und 20 Minuten ruhen lassen.

3. Kleine Teigkügelchen von ca. 1 cm Durchmesser abzweigen (der übrige Teig sollte weiterhin mit Frischhaltefolie bedeckt sein, damit er nicht austrocknet). Die Teigkügelchen zwischen den Händen erwärmen und zuerst auf der Arbeitsfläche nach vorn rollen und dann diagonal nach hinten zurück, sodass unregelmäßig gedrehte Nudeln mit spitz zulaufenden Enden entstehen. Auf ein sauberes Geschirrtuch legen.

Tipp

Im Internet finden sich zahlreiche Tutorials, die zeigen, wie man die Trofie richtig rollt.

4. Wenn alle Trofie vorbereitet sind, in einem großen Topf reichlich Salzwasser zum Kochen bringen und die Nudeln hineingeben. Vorsichtig mit einer Gabel umrühren, damit sie nicht zusammenkleben, und etwa 8 Minuten kochen lassen, dann abgießen und servieren.

Echte
KARTOFFEL-GNOCCHI

Dieses Rezept für echte Gnocchi enthält ganz einfach Kartoffeln und Mehl. Die drei Regeln, die unbedingt befolgt werden müssen: mehligkochende Kartoffeln (mit geringerem Wasseranteil) wählen, die gekochten Kartoffeln gut abtropfen und trocknen lassen und nur sehr wenig Mehl verwenden. Der Teig ist dann zwar schwieriger zu verarbeiten, aber die Gnocchi werden so viel besser!

4 Personen

Zubereitung: 30 Minuten
Ruhezeit: 30 Minuten
Kochzeit: 30 Minuten

1 kg mehligkochende Kartoffeln
250–300 g Mehl (Type 550)
+ ein wenig für
die Arbeitsfläche
½ TL Salz
Pflanzenöl

1. Einen großen Topf mit Wasser zum Kochen bringen. Die Kartoffeln waschen und 15 bis 20 Minuten kochen, bis sich die Schale ablöst. In ein Sieb abgießen, 30 Minuten abkühlen lassen, dann schälen. Die Kartoffeln mit einer Gabel oder einem Kartoffelstampfer in einer Schüssel oder direkt auf der bemehlten Arbeitsfläche zerdrücken. Das Mehl und das Salz hinzugeben und alles mit der Hand vermengen. So lange weiterkneten und Mehl hinzufügen, bis eine gleichmäßige Kugel entsteht, der Teig sollte nicht mehr kleben. Mit dem Kneten aufhören, sobald eine Kugel geformt ist, sonst fängt der Teig wieder an zu kleben.

2. Den Teig auf der bemehlten Arbeitsfläche zu Rollen mit etwa 1,5 cm Durchmesser formen, Stücke von 2 cm Länge abschneiden und diese mithilfe einer Gabel mit Rillen versehen. Beim Verarbeiten ruhig etwas Mehl hinzugeben, damit der Teig nicht auf der Arbeitsfläche festklebt. Die Gnocchi mit etwas Abstand nebeneinander auf eine leicht bemehlte Platte oder einen Teller legen.

Tipp

Mit welchem Trick säubern sich die Italiener nach dem Kneten des Gnocchiteigs die Hände? Ein bisschen Mehl und die Sache ist erledigt!

3. Wenn alle Gnocchi geformt sind, einen großen Topf mit gesalzenem Wasser zum Kochen bringen. Die Gnocchi portionsweise hineingeben, immer nur so viele, dass sie sich im Topf nicht berühren, sonst können sie aneinander kleben bleiben. 3 bis 4 Minuten kochen lassen oder so lange, bis sie an der Oberfläche schwimmen. Mit einem Schaumlöffel herausnehmen, auf eine Platte geben und mit einem Schuss Pflanzenöl vermischen. Die fertigen Gnocchi schnell servieren.

GRUNDREZEPTE

REZEPTE FÜR FRISCHE PASTA

Einkorn-
TAGLIATELLE

Mit diesem einfachen, aber köstlichen Rezept kommen Sie in den Genuss der zahlreichen guten Eigenschaften des Einkorns – geringer Glutengehalt, gute Verträglichkeit, reich an Proteinen, Phosphor, Magnesium sowie Vitamin B –, aber auch der Al-dente-Konsistenz, zu der das Hartweizenmehl beiträgt. Bereiten Sie die Nudeln erst kurz vor dem Anrichten zu und genießen Sie sie sofort – mit Walnusspesto (siehe Rezept auf Seite 31) oder mit Haselnussöl und veganem Parmesan (siehe Rezept auf Seite 24).

3-4 Personen

Zubereitung: 25 Minuten
Ruhezeit: 30 Minuten
Kochzeit: 3 Minuten

200 g Einkornmehl
+ etwas für die Teigplatte
100 g feines Hartweizenmehl
2 EL Olivenöl

1. Die Mehle in einer großen Schüssel mischen. 150 ml lauwarmes Wasser hinzufügen und alles mit dem Teigschaber verrühren, bis sich die Zutaten verbinden. Dann das Olivenöl dazugeben und den Teig 5 bis 10 Minuten mit der Hand oder der Küchenmaschine kneten. Den Teig mit Frischhaltefolie abdecken und 30 Minuten lang ruhen lassen.

2. Danach den Teig in sechs Stücke teilen, das erste etwas flach drücken und mehrere Male mit größtem Walzenabstand durch die Nudelmaschine drehen (siehe Seite 8). Dann nach jedem Durchgang den Walzenabstand verringern, bis zur Stufe von Tagliatelle (in der Regel 5 oder 6, beachten Sie die Gebrauchsanweisung der Maschine). Die Teigplatte mit Mehl bestäuben und vorsichtig durch den Tagliatelle-Aufsatz drehen. Mit den weiteren Teigportionen genauso verfahren.

3. Die Tagliatelle einzeln, ohne dass sie einander überlappen, 30 Minuten trocknen lassen, dann in einem großen Topf mit kochendem Wasser 2 bis 3 Minuten kochen.

30 Minuten, danach werden sie leicht brüchig. Wenn Sie die Nudeln allerdings einige Tage aufbewahren möchten, sollten Sie 24 Stunden Trockenzeit einplanen und dann darauf achten, sie hinterher nur ganz vorsichtig weiterzuverarbeiten. Es ist nicht nötig, in einen Pastatrockner zu investieren, wenn Sie nicht jeden Tag frische Pasta herstellen – es reicht, als Trockenunterlage saubere Geschirrtücher auf der Arbeitsplatte auszulegen oder über die Lehne eines Stuhls zu hängen. Sie können auch einen sauberen und bemehlten Besenstiel über zwei Tische legen. Es gibt genügend Tricks!

6. Frische Nudeln (vor dem Kochen) aufbewahren

Um die frischen Nudeln zu trocknen, sollten Sie 24 Stunden Trockenzeit einplanen (siehe Regel Nummer 5) und sie dann vorsichtig in einem luftdicht verschlossenen Behälter, den Sie mit trockenem Küchenpapier auslegen, verstauen. Achten Sie darauf, dass die Nudeln keine Feuchtigkeit mehr enthalten. So können Sie sie ein paar Wochen aufbewahren. Eine weitere – und meiner Meinung nach einfachere – Möglichkeit ist, die Nudeln einzufrieren, lange Nudeln zum Beispiel in Form von gedrehten Nestern. Die Nester müssen Sie später nur ins kochende Wasser geben und 1 bis 2 Minuten länger als ungefrorene Nudeln kochen lassen.

7. So gelingt das Kochen

Einige grundsätzliche Tipps: Verwenden Sie ausreichend Wasser und vergessen Sie nicht das Salz – man rechnet 10 g Salz für 100 g Nudeln in 1 Liter Wasser. Rühren Sie ein- oder zweimal vorsichtig mit der Gabel um, damit die Nudeln nicht zusammenkleben (Öl im Kochwasser ist hingegen absolut unnötig). Die Kochzeit für frische Nudeln ist sehr kurz, in der Regel etwa 3 Minuten.

EINLEITUNG

verarbeiten. Und man gibt niemals Salz in den Teig, sonst wird man mit weißen Pünktchen auf der Teigoberfläche bestraft. Nur das Kochwasser wird gesalzen!

3. Niemals die Ruhezeit überspringen

Das ist ein unabdingbarer Schritt für gelungene frische Pasta, die so auch nach dem Kochen eine schöne, geschmeidige Konsistenz behält. Damit der Teig nicht austrocknet, bedecken Sie ihn mit Frischhaltefolie, und lassen Sie ihn anschließend 20 bis 30 Minuten auf der Arbeitsplatte ruhen. Da er keine Eier enthält, ist es nicht nötig, ihn in den Kühlschrank zu stellen, er würde dort eher zu fest werden. Wichtig: Wenn Sie einen Teil des Teigs weiterverarbeiten, bedecken Sie den Rest erneut mit Frischhaltefolie – oder bewahren Sie ihn in einem Gefrierbeutel auf –, damit er nicht austrocknet.

4. Eine Nudelmaschine benutzen

Wenn Sie Tagliatelle oder Spaghetti herstellen möchten, werden Sie um eine Nudelmaschine nicht herumkommen. Dieses ganz einfache und günstige Gerät rollt den Teig nicht nur sehr dünn aus, sondern schneidet ihn auch zu schmalen oder breiten Streifen, mit den entsprechenden Aufsätzen sogar zu Ravioli oder weiteren Nudelformen. Wenn Sie lieber mit der Hand arbeiten, sollten Sie ein gutes Nudelholz haben (Sie werden trotzdem Schwierigkeiten haben, den Teig so dünn auszurollen wie die Maschine), ein Messer und sehr viel Geduld beim Zuschneiden. Verwenden Sie eine Nudelmaschine, beginnen Sie damit, den Teig in Portionen aufzuteilen und diese etwas flach zu drücken, bevor sie fünf- oder sechsmal mit größtem Walzenabstand durch die Maschine gedreht werden. Sie können die Teigstücke nach jedem Durchgang zusammenfalten, damit das Gluten zu arbeiten beginnt und der Teig noch geschmeidiger und dehnbarer

wird. Danach wird der Teig mehrmals durch die Maschine gedreht und der Walzenabstand dabei jedes Mal verringert, bis die gewünschte Dicke der Teigplatte erreicht ist (eine mittlere Stärke für Tagliatelle, so dünn wie möglich für Ravioli und ein kleines bisschen dicker für Lasagneblätter ...). Dann werden die Teigplatten halbiert, bevor sie mit dem entsprechenden Aufsatz in die richtige Form geschnitten werden (Tagliatelle, Spaghetti etc.). Bestäuben Sie die Teigplatten, wenn nötig, ruhig mit etwas Mehl, bevor Sie sie durch die Maschine drehen, und auf jeden Fall, bevor Sie sie zurechtschneiden, damit die Nudeln sich gut voneinander trennen und nicht zusammenkleben. Gut zu wissen: Die Nudelmaschine können Sie zum Ausrollen von allen Teigsorten verwenden – wenn Sie die asiatische Küche mögen oder orientalische Backwaren, lohnt sich die Anschaffung auf jeden Fall!

5. Frische Nudeln trocknen lassen

Das ist ein wichtiger, aber nicht zwingend notwendiger Schritt, der verhindert, dass die frischen Nudeln aneinanderkleben, und ihnen nach dem Kochen eine schöne Konsistenz verleiht. In der Regel reichen

SIEBEN REGELN
für das Gelingen von frischer (und veganer) Pasta

Es ist nicht kompliziert, leckere frische Pasta herzustellen, vor allem nicht, wenn man gute Zutaten verwendet und ein paar Tipps beherzigt. Das Ergebnis ist unverwechselbar und Sie können die Form, die Farbe oder den Geschmack Ihrer Nudeln ganz individuell nach Ihren Wünschen verändern: eine Messerspitze Safran für eine hübsche Farbe, abgeriebene Zitronenschale oder einen Teelöffel getrockneten Estragon für einen außergewöhnlichen Geschmack ... oder Lasagneblätter, deren Größe genau auf Ihre Auflaufform abgestimmt ist! Einige Grundregeln, die Sie bei der Herstellung beachten sollten:

1. Das richtige Mehl auswählen

Handgemachte Pasta wird in der Regel aus Hartweizengrieß hergestellt – in Italien sehr beliebt, weil er den Nudeln eine gewisse Stabilität verleiht und das Kochen al dente möglich macht, das wir so sehr lieben. Sie können ihn natürlich durch Weißmehl ersetzen oder durch eine Halb-halb-Mischung. Ich bin allerdings ein Fan von Vollkornmehl und alten, unveränderten Mehlsorten, die nicht nur ökologischer und gesünder, sondern auch viel geschmackvoller sind! Ich entscheide mich deshalb bei meinen traditionellen Rezepten oft für das wunderbare Einkornmehl und bediene mich für die anderen Rezepte am großen Spektrum der glutenfreien Getreidesorten. Man muss dabei ein paar Tricks anwenden und natürliche Bindemittel im Teig ergänzen (Leinsamen oder Chiasamen, Stärke, Flohsamen), aber für das geschmacklich tolle Ergebnis lohnt sich die Mühe auf jeden Fall. Wenn Sie lieber bei

Weizenmehl bleiben möchten (und sei es nur für den Anfang), empfehle ich Ihnen die Type 1050 oder Ruchmehl, aus dem Sie tolle Nudeln mit einem geringen Vollkornanteil herstellen können. Verwenden Sie vorzugsweise ein Mehl aus einer Mühle, die in Ihrer Nähe liegt und Getreide von guter Qualität vermahlt – so arbeiten Sie mit einem frischen Mehl, das sehr viel Geschmack und Nährstoffe enthält. Wenn das nicht möglich ist, kaufen Sie Ihr Mehl im Bioladen und am besten lose, damit es nicht schon mehrere Monate verpackt in einem Regal lag. Aus diesem zuletzt genannten Grund rate ich von Mehlen aus dem Supermarkt ab.

2. Einen guten Teig ohne Ei herstellen

Für „klassische" frische Pasta rechnet man in der Regel ein Ei auf 100 g Weizenmehl. Für die vegane Version ersetzt man das Ei durch die gleiche Menge Wasser, also ungefähr 50 g. Das Wasser ist vorzugsweise lauwarm oder hat Zimmertemperatur und wird nach und nach zum Teig gegeben und eingearbeitet. Sobald sich der Teig verbindet, fügt man Olivenöl hinzu und knetet 5 bis 10 Minuten mit der Hand oder der Küchenmaschine. Das Ergebnis ist ein geschmeidiger, aber relativ fester Teig, der nicht klebt und ein bisschen an Modelliermasse erinnert. Haben Sie keine Scheu, noch etwas Wasser oder Mehl hinzuzufügen, wenn Sie es beim Kneten für nötig halten – die Feuchtigkeit des Teigs kann je nach Mehlsorte, Zimmertemperatur und Verarbeitungsweise (Hand oder Küchenmaschine) variieren. Das gilt besonders, wenn sie glutenfreies Mehl

EINLEITUNG

Welche Nudeln passen wozu?

Es gibt so viele unterschiedliche Nudelsorten, dass es manchmal schwierig ist zu entscheiden, welche Pasta für welches Rezept besonders geeignet ist. Hier bekommen Sie also eine kleine Gebrauchsanweisung nach Kategorien, damit Sie alle Rezepte aus diesem Buch mit den Nudelsorten zubereiten können, die Ihr Lieblingssupermarkt anbietet – oder die Ihre Nudelmaschine herstellen kann. Fühlen Sie sich frei, die Rezepte nach Lust und Laune anzupassen: Wenn Sie die Spaghetti Carbonara lieber mit Penne zubereiten möchten, werden sie trotzdem sehr gut schmecken. Dennoch ein Hinweis: Bei asiatischen Nudeln ist manchmal eine besondere Art der Zubereitung zu beachten, auf die ich dann im Einleitungstext oder im Kasten unter dem Rezept entsprechend eingehe.
Ich persönlich habe immer eine kleine Auswahl verschiedener Pastasorten im Vorratsschrank, genauso wie einige Packungen Udon- oder Soba-Nudeln, um für alle Fälle gerüstet zu sein. Natürlich können Sie auch glutenfreie Nudeln verwenden oder aromatisierte Nudeln!

• Frische Pasta (vor allem Tagliatelle oder Linguine) passt perfekt zu leichten Saucen.

• Kurze Pasta (Penne, Fusilli, Farfalle) eignet sich gut für saucige Gerichte oder Gerichte mit Gemüsestücken, die man mit der Gabel isst.

• Lange, breite Nudeln wie Bandnudeln sind ideal für sahnige Saucen.

• Kurze Nudeln mit lustigen Formen (Orechiette, Conchigliette, Trofie) eignen sich hervorragend für Salate, weil man sie gut mit der Gabel essen kann – und je kleiner die Gemüsestücke im Salat, umso kleiner sollten auch die Nudeln sein.

• Für gefüllte Nudeln verwenden Sie Cannelloni oder große Conchiglioni – beim Anrichten von letzteren müssen Sie vorsichtig sein, sie sind ein bisschen empfindlich.

• Für Auflaufe können Sie zwischen den Makkaroni der berühmten „Mac and Cheese", kurzen Röhrchennudeln oder anderen kurzen Sorten variieren.

• In Suppen sind Mini-Nudeln (Fadennudeln, Vermicelli, Buchstabennudeln, Risoni) immer eine gute Wahl. Sie können sich aber auch bei den asiatischen Nudeln bedienen und Udon-Nudeln, Ramen oder Reisnudeln verwenden.

• Letztere schmecken vor allem köstlich in Wokgerichten mit Gemüse und Tofu und/ oder einer leichten Sauce aus Tamari oder kalt abgeschreckt im Salat.

• Nicht zu vergessen die Lasagneblätter – ohne Konkurrenz in ihrer Kategorie, aber ersetzbar durch sehr feine oder vorgegarte Gemüsescheiben (Gurke, Zucchini, Kürbis).

• Und zuletzt eine Sonder-Kategorie: Zu den etwas empfindlicheren Nudeln aus Gemüse reichen Sie am besten eine nicht zu schwere Sauce und fein gehackte Gewürze, genauso wie zu Nudeln auf Basis von Algen (Konjak, Kelp, Meeresspaghetti).

Die benötigte Menge pro Person ist sehr individuell – ich schlage Portionsgrößen vor, die ich als „mittelgroß" bezeichnen würde. Passen Sie die Mengen gern an Ihre Bedürfnisse an.

EINLEITUNG

MEINE NUDELREZEPTE
gesund und vegan

Pasta ist sättigend, günstig und echtes Seelen-
futter – kein Wunder also, dass sie so beliebt
ist und das fast überall auf der Welt. Ob in Chi-
na, Italien, den USA (die berühmten Mac and
Cheese) oder in Japan mit seinen köstlichen
Soba-Nudeln: Es gibt Hunderte traditioneller
Rezepte aus aller Herren Länder, von denen
die meisten schon vor langer Zeit entstanden
sind. Die erste Lasagne zum Beispiel, für die
Fleisch und Stücke aus Teigwaren übereinan-
dergeschichtet wurden, gab es wohl schon zu
Beginn der Jungsteinzeit. Diesen Wurzeln treu
geblieben ist Pasta bis heute oft ein einfaches
und nahrhaftes Gericht mit Fleisch und/oder
Käse.

Aber wussten Sie, dass Nudeln auch gesund
und zu 100 % pflanzlich sein können, farben-
froh und abwechslungsreich angerichtet mit
Cashewcreme oder Grünkohlpesto, Spar-
gel-Tempura oder Miso-Mayonnaise? Dass
Fleisch durch köstliche Produkte aus Soja,
Hülsenfrüchten, Seitan oder Getreide ersetzt
werden kann, die viel wichtiges Protein enthalten, und dass frische Algen oder Hefeflocken so zubereitet werden können, dass
sie wie Fisch schmecken? Dass ein Teller Pasta
hervorragend zu saisonalem Gemüse passt,
egal ob als Rohkost, klein gehackt, püriert, ge-
braten oder als sahnige Sauce? Dass man ganz

einfach einen pflanzlichen Ricotta herstellen
kann oder einen Parmesan aus Mandeln, mit
viel Geschmack und Nährstoffen? Dass frische
Nudeln aus Vollkornmehl oder ohne Gluten
selbst gemacht und mit Zutaten aus dem
Vorratsschrank ganz natürlich gefärbt werden
können: mit Spinat, roter Bete, Fruchtsäften
oder Superfood-Pulver? Dass es sogar möglich
ist, Nudeln ohne Nudeln zuzubereiten, aus
Gemüse und mit einem einfachen Sparschäler?
Und vor allem: dass nichts köstlicher, kreati-
ver und belebender ist als ein gutes veganes
Nudelgericht?

Ich zeige Ihnen in diesem Buch 50 sehr unterschiedliche Rezepte, die Sie mit den wunder-
baren Zutaten zubereiten können, die die
Natur uns in der jeweiligen Jahreszeit schenkt.
Außerdem einige Rezepte für frische Pasta,
Grundrezepte und köstliche Toppings für noch
mehr Genuss. Sie werden auf den folgenden
Seiten die großen italienischen Klassiker in
neuen veganen Interpretationen entdecken,
supergesunde Rezepte voller Farben und
Vitamine, Inspirationen aus aller Welt – von
asiatischen Nudeln über die französischen
Crozets Savoyards bis hin zu einer neuen
Interpretation der Moussaka – sowie kreative
und raffinierte Ideen für abenteuerlustige
Köchinnen und Köche und begeisterte Gäste.

EINLEITUNG

INHALT

Einleitung **4**

Grundrezepte **10**

Klassiker neu erfunden **34**

Gesund und vitaminreich **60**

Inspirationen
aus aller Welt **88**

Raffiniert und kreativ **114**

Rezept-Index **143**

Info

Der in diesem Rezept hergestellte Tofu erinnert mehr an Seidentofu. Für festen Tofu muss die Masse stärker und länger ausgepresst werden, mit einem Gewicht auf einem Teller beispielsweise oder mit einer Tofupresse (im Internet oder in Fachgeschäften erhältlich). Sie können den festen Tofu in der Molke aufbewahren und sollten ihn innerhalb von 3 Tagen verzehren.

LINGUINE ALLA PUTTANESCA

Die Puttanesca ist eine traditionelle Sauce mit Sardellen, Kapern und Oliven. Statt der Sardellen verwende ich Dulse, eine tolle Rotalge. Sie ist leicht jodhaltig und hat einen feinen, nussigen Geschmack, enthält aber vor allem sehr viel Protein, Aminosäuren und Spurenelemente. Zusammen mit Kapern und Oliven sorgt sie für ein erstaunliches Geschmackserlebnis, aber Sie können sie auch durch eine andere Alge Ihrer Wahl ersetzen (Meersalat oder Meeresspaghetti beispielsweise). Dulse findet man im Kühlregal im Bioladen; wenn es sie in Ihrem nicht gibt, greifen Sie auf getrocknete Algen im Beutel zurück, die Sie vor dem Verwenden einweichen.

4 Personen

Zubereitungszeit: 15 Minuten
Kochzeit: 10 Minuten

60 g frische Dulse
400 g Linguine
50 g Kapern
(in Salz oder in Lake)
2 Knoblauchzehen
100 g Kalamata-Oliven
(oder andere gute
schwarze Oliven)
3 EL Olivenöl

1. Die Dulse in eine Schüssel geben, gut mit Wasser bedecken, mit den Fingern umrühren und 5 Minuten stehen lassen. Das Wasser abschütten und den Vorgang wiederholen, danach abspülen und abtropfen lassen. Zur Seite stellen.

2. Die Nudeln nach Packungsanweisung zubereiten.

3. Währenddessen die Kapern abspülen, wenn sie in Salz einge-legt waren, und mit einem Küchentuch oder einem sauberen Geschirrtuch abtupfen. Kapern in Lake durch ein Sieb abgießen. Den Knoblauch schälen, die Keime entfernen und die Zehen fein hacken. Die Oliven entsteinen und in Ringe schneiden.

4. Das Öl in einer Pfanne erhitzen und den Knoblauch 3 Minuten andünsten. Die Kapern und Oliven hinzufügen, 1 weitere Minute unter Rühren dünsten, dann zur Seite stellen.

5. Die Nudeln abgießen und vorsichtig mit den Algen und der Oliven-Kapern-Mischung vermengen. Sofort servieren.

KLASSIKER NEU ERFUNDEN

PFANNEN-LASAGNE
mit gegrillten Tomaten und Bohnen-Béchamel

Kennen Sie Pfannen-Lasagne? Die Nudeln garen mit allen Zutaten in einer Pfanne im Backofen – das spart Abwasch und Arbeit. Diese sommerliche, supercremige Variante braucht ein bisschen Zeit, aber sie ist ein Genuss!

4-6 Personen

Zubereitungszeit: 20 Minuten
Garzeit: 1 Stunde 20 Minuten

1 Knoblauchzehe
1 kg sehr reife, nicht zu große Tomaten
½ TL brauner Zucker
2 TL getrocknete Kräuter der Provence
3 EL Olivenöl
Salz, Pfeffer
1 Schüssel Béchamelsauce aus weißen Bohnen (siehe Rezept Seite 33)
12 Lasagneblätter
1 EL Sonnenblumenkerne
einige Basilikumblätter

1. Den Backofen auf 180 °C (Ober- und Unterhitze) vorheizen.

2. Den Knoblauch schälen, den Keim entfernen und die Zehe fein hacken. Die Tomaten waschen und halbieren. Mit der Haut nach unten dicht neben- und übereinander in eine gusseiserne Pfanne setzen. Mit dem Knoblauch, dem Zucker und 1 TL Kräuter der Provence bestreuen, salzen und pfeffern und mit 2 EL Olivenöl beträufeln. Die Pfanne auf einem Rost in den Backofen stellen und die Tomaten etwa 1 Stunde backen oder so lange, bis sie fast zerschmelzen. Ganz leicht auf die Oberfläche drücken, damit der Saft hinauslaufen kann.

3. Währenddessen die Béchamelsauce zubereiten und die Lasagneblätter in unterschiedlich große Stücke brechen.

4. Die Pfanne aus dem Backofen nehmen, die Lasagneblätter zwischen die Tomatenschichten schieben und die Béchamelsauce darübergießen. Mit dem restlichen Olivenöl beträufeln und noch ein wenig Kräuter der Provence sowie die Sonnenblumenkerne darüberstreuen.

5. Die Ofentemperatur auf 200 °C erhöhen und die Lasagne etwa 20 Minuten überbacken – die Sauce soll cremig und die Lasagneblätter sollen weich werden. Die Pfannen-Lasagne mit frischem Basilikum garnieren und sofort servieren.

KLASSIKER NEU ERFUNDEN

SPAGHETTI BOLOGNESE

Das Geheimnis meiner Spaghetti bolognese: hochwertige passierte Tomaten, eine lange Kochzeit und Sojaschnetzel, die in allen Gerichten mit Hackfleisch-Ersatz wahre Wunder bewirken. Frieren Sie Reste der Sauce in Muffin-Förmchen aus Silikon ein, dann haben Sie immer eine kleine Portion Genuss griffbereit!

4 Personen

Ruhezeit: 20 Minuten
Zubereitungszeit: 15 Minuten
Garzeit: 2 Stunden

200 g feine Sojaschnetzel
1 l Gemüsebrühe
1 EL getrocknete Champignons (optional)
2 Zwiebeln
1 Knoblauchzehe
1 Karotte
2 EL Olivenöl
150 ml Rotwein
150 ml Pflanzenmilch (Mandel, Soja, Hafer)
2 EL Tomatenmark
600 g passierte Tomaten
3–4 Zweige Thymian
2 Lorbeerblätter
1 gute Prise Zucker
Salz, Pfeffer
400 g Spaghetti (oder andere Nudeln Ihrer Wahl)
evtl. veganer Parmesan (siehe Rezepte Seite 24) zum Servieren

1. Die Sojaschnetzel in eine Schüssel geben, mit heißer Gemüsebrühe bedecken und etwa 20 Minuten einweichen lassen. Nach Wunsch zusammen mit der Gemüsebrühe die in kleine Stücke gehackten Champignons dazugeben.

2. Die Zwiebeln, die Knoblauchzehe und die Karotte schälen, den Knoblauch vom Keim befreien und von der Karotte die Enden abschneiden. Alles sehr fein hacken. Das Olivenöl in einem Bräter oder einem Topf mit dickem Boden erhitzen und das Gemüse darin etwa 3 Minuten andünsten. Die abgetropften Sojaschnetzel hinzufügen und 2 Minuten unter Rühren mitdünsten. Den Wein, die Pflanzenmilch und das Tomatenmark dazugeben, gut verrühren, dann die passierten Tomaten, den Thymian, die Lorbeerblätter und den Zucker hinzufügen. Salzen und pfeffern, umrühren und mit einem Deckel halb abdecken, um Spritzer zu vermeiden. Die Sauce etwa 2 Stunden (mindestens aber 1 Stunde 30 Minuten) bei geringer Hitze köcheln lassen und ab und zu umrühren.

3. Gegen Ende der Garzeit die Spaghetti kochen, abgießen und mit der Bolognese-Sauce vermischen. Nach Geschmack mit veganem Parmesan bestreuen.

KLASSIKER NEU ERFUNDEN

CREMIGER NUDELAUFLAUF
mit karamellisierten Schalotten

Dieses supereinfache Gericht erinnert an Kindheit (Käse-Makkaroni!) und ist eine hervorragende Resteverwertung für übrig gebliebene Nudeln (rechnen Sie 700 g gekochte Nudeln). Die Mischung aus festem Tofu und Seidentofu macht den Auflauf cremig und gibt ihm gleichzeitig ein wenig Biss – und die karamellisierten Schalotten sind einfach unwiderstehlich. Mit einem schönen, knackigen Salat werden die überbackenen Nudeln zu einer ausgewogenen, proteinreichen Mahlzeit. Übrigens: Man kann den Auflauf am nächsten Tag wunderbar aufwärmen!

4-6 Personen

Zubereitungszeit: 30 Minuten
Kochzeit: 30 Minuten

8 Schalotten
2 EL Olivenöl
2 Prisen brauner Zucker
1 Prise Fleur de Sel
300 g kurze Röhrchennudeln (weiß oder Vollkorn)
300 g Seidentofu
150 g fester Tofu
1 gehäufter TL Senf
Salz, Pfeffer

1. Die Schalotten schälen, fein hacken und in einem kleinen Topf mit dem Olivenöl 2 bis 3 Minuten glasig dünsten. Zucker und Salz hinzufügen, rühren, den Deckel aufsetzen und bei sehr niedriger Hitze etwa 10 Minuten karamellisieren lassen. Zur Seite stellen.

2. Den Backofen auf 180 °C (Ober- und Unterhitze) vorheizen.

3. Die Nudeln nach Packungsanweisung kochen, abgießen und in eine große Schüssel geben. Währenddessen den Seidentofu mit dem Senf mixen, salzen und pfeffern. Den festen Tofu grob mit einer Gabel zerdrücken, sodass eine unregelmäßig krümelige Masse entsteht. Die Seidentofucreme mit dem festen Tofu und den Schalotten vermischen, dann unter die Nudeln rühren. In eine große Auflaufform oder in mehrere kleine Förmchen füllen und 20 Minuten backen. Sofort servieren.

KLASSIKER NEU ERFUNDEN

FETTUCCINE ALFREDO

Diese vegane Variante des berühmten italienischen Klassikers – genauso cremig, aber dabei sehr viel leichter als das Original – birgt ein kleines Geheimnis: gegrillten Blumenkohl mit geräucherter Paprika und Cashewnüssen. Die Kombination sorgt für einen überraschend „käsigen" Geschmack und eine sehr cremige Konsistenz. Als Garnierung passen zum Beispiel gegrillte Champignons oder etwas Babyspinat!

4 Personen

Einweichzeit: 4 Stunden
Zubereitungszeit: 15 Minuten
Kochzeit: 40 Minuten

100 g Cashewnüsse
(ca. 4 Stunden in reichlich
Wasser eingeweicht)
1 kleiner Blumenkohl
1 ½ EL Olivenöl
2 TL geräuchertes Paprikapulver (optional)
Salz, Pfeffer
200 ml Hafer- oder Sojamilch
2 gehäufte EL Hefeflocken
1 TL Apfelessig
1 gestrichener TL granulierte
Zwiebel
2 Prisen Knoblauchpulver (oder
2 Knoblauchzehen)
400 g Fettuccine
veganer Parmesan
(siehe Rezept Seite 24)

1. Die Cashewnüsse 3 bis 4 Stunden in einer Schüssel in Wasser einweichen. Den Backofen auf 180 °C (Ober- und Unterhitze) vorheizen.

2. Den Blumenkohl waschen, vorsichtig trocken tupfen und den Strunk entfernen. Von oben nach unten in etwa 1,5 cm dicke Scheiben schneiden. Diese nebeneinander in eine große Auflaufform oder auf ein mit Backpapier ausgelegtes Backblech legen. Das Olivenöl mit dem Paprikapulver vermischen und den Blumenkohl damit beträufeln. Salzen, pfeffern und etwa 30 Minuten im Ofen backen oder so lange, bis der Blumenkohl schön weich ist.

3. Ein paar Minuten lauwarm abkühlen lassen, dann 200 g von dem gegrillten Blumenkohl (den Rest anderweitig verwenden, siehe Info rechts) mit den abgespülten und abgetropften Cashewnüssen, der Pflanzenmilch, den Hefeflocken, dem Essig, Zwiebel und Knoblauch so lange mixen, bis eine glatte und homogene Creme entstanden ist.

4. Die Fettuccine nach Packungsanweisung kochen, abgießen und mit ⅔ der Alfrede-Sauce vermischen. Die Nudeln heiß mit der restlichen Sauce und veganem Parmesan servieren.

KLASSIKER NEU ERFUNDEN

Info

Sehr wahrscheinlich bleibt etwas vom Blumenkohl übrig. Servieren Sie ihn lauwarm zum Aperitif, pürieren Sie ihn mit gekochten Kartoffeln und Gemüsebrühe zu einer leckeren Suppe oder verwenden Sie ihn zum Garnieren eines Nudelgerichts Ihrer Wahl! Er hält sich in einem luftdicht verschlossenen Behälter im Kühlschrank etwa 2 Tage.

Risoni-Risotto
mit Champignons

Risoni (italienisch für „großer Reis"), auch Orzo genannt, sind ganz kleine Nudeln, die aussehen wie Reiskörner und oft für Suppen oder Risotto verwendet werden. Hier finden Sie eine ganz einfache Version, sehr cremig und al dente, wie es sich gehört, zubereitet mit Schalotten und Champignons. Nehmen Sie andere kleine Pilze, wenn Sie mögen, verfeinern Sie das Gericht mit einem guten Esslöffel Hefeflocken oder ersetzen Sie die Risoni durch andere kleine Nudeln (Fregola, Buchstabennudeln ...).

4 Personen

Zubereitungszeit: 15 Minuten
Kochzeit: 30 Minuten

2 TL Instant-Gemüsebrühe
500 g Champignons
4 EL Olivenöl
Salz, Pfeffer
2 Schalotten
300 g Risoni (oder andere kleine Nudeln)
100 ml vegane Sahne
1 EL frisch gehackte Petersilie

1. 750 ml Wasser erhitzen und die Gemüsebrühe hineinrühren. Die Brühe warm halten. Die Pilze putzen und in dünne Scheiben schneiden. 2 EL Olivenöl in einer Pfanne erhitzen und die Champignons darin 10 Minuten braten. Salzen, pfeffern und zur Seite stellen.

2. Die Schalotten schälen, würfeln und mit dem restlichen Olivenöl in einem großen Topf anschwitzen. Die Risoni hinzufügen und 5 Minuten unter Rühren andünsten. 1 Suppenkelle Gemüsebrühe dazugeben und leise köcheln lassen, dabei regelmäßig umrühren. Sobald die Flüssigkeit fast aufgesogen ist, erneut ein wenig Gemüsebrühe dazugeben und unterrühren. Diesen Vorgang so oft wiederholen, bis die Brühe aufgebraucht ist und die Nudeln al dente sind (das dauert etwa 12 Minuten). Die Sahne unter Rühren hinzufügen, dann die Champignons und die Petersilie. Sofort servieren.

KLASSIKER NEU ERFUNDEN

Gebratene Nudeln
ALL'ARRABIATA

Pasta all'arrabiata ist ein Rezept aus Rom mit Knoblauch, Chili und Tomaten, das traditionell mit Penne Rigate serviert wird. Ich habe mich bei der Zubereitung allerdings ein bisschen von der asiatischen Küche inspirieren lassen und die Penne durch asiatische Nudeln ersetzt. Ich verwende am liebsten die Variante aus Vollkornreismehl, Sie können aber auch welche aus hellem Reismehl oder Weizen nehmen. Außerdem brate ich alles nur kurz im Wok an, anstatt die Tomaten langsam köcheln zu lassen. Überdies habe ich einige Würfel fermentierten Tofu hinzugegeben, die diesem ansonsten eher feurigen Gericht einen Hauch von Frische verleihen – ich mag vor allem die Version mit Tamari, aber Natur-Tofu passt auch sehr gut. Sehr schnell genießen, denn die Nudeln trocknen rasch aus, vor allem die aus Reismehl!

4 Personen

Zubereitungszeit: 15 Minuten
Kochzeit: 10 Minuten

200 g fermentierter Tofu (natur oder mit Tamari)
2 Knoblauchzehen
1 rote Chilischote (oder 2, je nach Geschmack)
5 sehr reife, aber feste Tomaten
350 g asiatische Nudeln (aus Reis- oder Weizenmehl)
3 EL Olivenöl
1 Prise brauner Zucker
2 EL frisch gehackte Petersilie

1. Einen großen Topf mit gesalzenem Wasser zum Kochen bringen. Währenddessen den Tofu in kleine, höchstens 1 cm große Würfel schneiden. Zur Seite stellen.

2. Den Knoblauch schälen, die Keime entfernen und die Zehen sehr fein hacken. Die Chili in feine Ringe schneiden; wer es nicht so scharf mag, entfernt dabei die Kerne. Die Tomaten waschen und in kleine Würfel schneiden.

3. Sobald das Wasser kocht, die Nudeln hineingeben.

4. Das Öl in einer Pfanne oder einem Wok erhitzen, Knoblauch und Chili dazugeben und so lange anbraten, bis es duftet. Die Tomaten und den Zucker hinzufügen, etwa 5 Minuten anbraten oder so lange, bis die Haut der Tomaten sich ablöst. Sobald die Nudeln gar sind, abgießen und zur Tomaten-Knoblauch-Mischung geben. Die Petersilie und den Tofu hinzufügen, vorsichtig umrühren und noch 1 Minute weitergaren lassen. Sofort servieren und genießen.

KLASSIKER NEU ERFUNDEN

SPAGHETTI CARBONARA
mit Auberginen-Bacon

Mit Blick auf die Nährstoffe ist eine klassische Carbonara keine besonders gute Wahl – ist sie doch vollgestopft mit Crème fraîche, Eiern, Käse und Speck. Glücklicherweise gibt es aber um einiges vernünftigere Varianten, die genauso lecker sind, wie dieses Rezept mit Auberginen-Bacon und karamellisierten Schalotten beweist.

4 Personen

Zubereitungszeit: 20 Minuten
Kochzeit: 40 Minuten

2 TL granulierte Zwiebeln
1 gestrichener TL
Knoblauchpulver
30 g Tamari
1 TL Ahornsirup
1 Prise Chili-Würzmischung
(optional)
Salz
80 g Olivenöl + 2 EL
2 große Auberginen
6 Schalotten
1 gute Prise brauner Zucker
1 Portion Cashewcreme (siehe
Rezept Seite 28; denken Sie
daran, die Nüsse rechtzeitig
einzuweichen)
500 g Spaghetti
1 Handvoll Basilikumblätter
(optional)

1. Den Backofen auf 120 °C (Ober- und Unterhitze) vorheizen.

2. Die granulierten Zwiebeln, das Knoblauchpulver, die Tamarisauce, evtl. das Chilipulver, ½ TL Salz und das Olivenöl in einer Schüssel vermischen. Die Auberginen waschen, der Länge nach vierteln und mit einem Gemüsehobel oder einem Gemüseschäler in sehr feine Scheiben schneiden (höchstens 1 mm dick). Mit Abstand nebeneinander auf ein mit Backpapier ausgelegtes Backblech legen (evtl. zwei Backbleche verwenden). Mit einem Pinsel die Würzmischung darauf verteilen, dann vorsichtig umdrehen und mit der anderen Seite genauso verfahren. Ein Blech nach dem anderen für 25 bis 30 Minuten in den Backofen schieben oder so lange, bis die Auberginenscheiben eine schöne Farbe bekommen und die Ränder leicht knusprig werden. Aus dem Backofen nehmen und lauwarm abkühlen lassen.

3. Währenddessen die Schalotten schälen und fein hacken. In einem kleinen Topf mit 2 EL Olivenöl, dem Zucker und 1 guten Prise Salz unter Rühren 2 bis 3 Minuten andünsten, dann den Deckel auflegen und 10 Minuten bei kleiner Hitze schmoren lassen.

4. Die Nudeln nach Packungsanweisung kochen, abgießen und dabei etwas Kochwasser auffangen. Mit der Cashewcreme und den Schalotten vermischen und noch heiß mit dem Auberginen-Bacon und einigen Blättern Basilikum bestreut servieren.

KLASSIKER NEU ERFUNDEN

Trofiette al ragù

Pasta al ragù ist eine Spezialität aus Bologna, die traditionell mit Tagliatelle zubereitet wird und die als Bolognese-Sauce auf der ganzen Welt bekannt geworden ist. Hier habe ich das Fleisch durch Linsen ersetzt und trotz der kürzeren Kochzeit kann sich das Ergebnis geschmacklich durchaus mit dem Original-Rezept messen: sämig, aromatisch und leicht eingekocht dank des Soffritto, in Öl geschmortem, klein gewürfeltem Suppengrün.

4 Personen

Zubereitungszeit: 20 Minuten
Kochzeit: 1 Stunde 10 Minuten

1 Zwiebel
1 kleine Knoblauchzehe
1 mittelgroße Karotte
1 kleine Stange Staudensellerie
4 EL Olivenöl
180 g grüne Linsen
1 TL Instant-Gemüsebrühe
1 Stück Kombu-Seetang
2 EL Tomatenmark
100 ml Rotwein
300 g Troffiette oder Tagliatelle
Salz, Pfeffer

1. Die Zwiebel, den Knoblauch (Keim entfernen), die Karotte und den Sellerie schälen und fein hacken. Mit dem Öl in einen gusseisernen Topf oder eine Schmorpfanne mit dickem Boden geben und bei geringer Hitze 20 Minuten schmoren. Dabei ab und zu umrühren und noch ein bisschen Öl hinzufügen, falls nötig.

2. Währenddessen die Linsen kurz abspülen, in einen großen Topf geben und mit kaltem Wasser bedecken. Zum Kochen bringen, das Kochwasser wegschütten, die Linsen erneut in den Topf geben und gut mit frischem Wasser bedecken. Die Gemüsebrühe und den Kombu-Seetang hinzufügen, erneut aufkochen und so lange kochen lassen, bis die Linsen gar, aber noch bissfest sind (das dauert etwa 20 Minuten). Abgießen und dabei 100 ml Kochwasser auffangen.

3. Das Tomatenmark zum Gemüse geben und noch 5 Minuten unter Rühren schmoren lassen, dann die abgetropften Linsen hinzufügen. Salzen und pfeffern und bei mittlerer Hitze 5 Minuten weitergaren, dann den Rotwein und das aufgefangene Kochwasser dazugeben und alles etwa 20 Minuten leise köcheln lassen, bis die Sauce cremig wird.

4. Die Nudeln nach Packungsanweisung kochen, abgießen und dabei ein paar EL Kochwasser auffangen. Das Wasser zu den Linsen geben, die Sauce über die Nudeln geben, schnell vermischen und sofort servieren.

KLASSIKER NEU ERFUNDEN

HERBST-MINESTRONE
mit Blumenkohl, Maronen und Topinambur

Dieses einfache und nahrhafte Bauerngericht wird traditionell mit Tomaten und Gemüse der Saison zubereitet und mit Nudeln und getrockneten Bohnen verfeinert. In dieser herbstlichen Variante verbinden sich Topinambur, Blumenkohl, Maronen und Thymian auf ganz besondere Weise zu einer wahren Geschmacksexplosion.

6-8 Personen

Zubereitungszeit: 15 Minuten
Kochzeit: 35 Minuten

130 g gekochte weiße Bohnen
(oder 60 g getrocknete Bohnen)
2 gehäufte TL Instant-
Gemüsebrühe
3 Zweige frischer oder
1 TL getrockneter Thymian
1 EL Tamari
1 kleiner Blumenkohl
(ca. 600 g)
300 g Topinambur
2 Schalotten
2 EL Olivenöl
180 g Nudeln Ihrer Wahl
150 g gekochte Maronen
Salz, Pfeffer

1. Die getrockneten Bohnen über Nacht in Wasser einweichen, dann gut abspülen und in reichlich frischem Wasser kochen, bis sie gerade so gar sind (etwa 30 Minuten). Bohnen aus der Dose abspülen und abtropfen lassen. Zur Seite stellen.

2. Die Instant-Gemüsebrühe in 1,5 l Wasser geben und mit Thymian und der Tamarisauce zum Kochen bringen.

3. Den Blumenkohl waschen und in Röschen zerteilen. Den Topinambur abbürsten und in feine Scheiben von etwa 2 mm Dicke schneiden. Die Schalotten schälen und hacken.

4. In einem gusseisernen Topf das Olivenöl erhitzen und die Schalotten darin 2 bis 3 Minuten glasig andünsten. Das Gemüse dazugeben und 5 Minuten mitdünsten, dabei ab und zu umrühren. Dann die Gemüsebrühe hinzufügen (das Gemüse sollte gut bedeckt sein), umrühren und alles 10 Minuten leise köcheln lassen. Die Nudeln dazugeben, 10 Minuten weiterkochen, zum Schluss die Maronen und die Bohnen hinzufügen. Großzügig salzen und pfeffern, vorsichtig umrühren und noch mal 5 Minuten kochen lassen. Abschmecken, falls nötig nachwürzen und schön heiß servieren.

KLASSIKER NEU ERFUNDEN

GESUND
und
vitaminreich

ZOODLES
mit gegrilltem Knoblauch

Köstlich knackig und mit hübschen Farben macht sich dieses Rezept aus fast
100 % Gemüse sowohl gut als Vorspeise als auch als Beilage zu einem Getreide-
gericht oder zu einer schönen Gemüse-Bruschetta. Wenn Sie Avocadospalten,
Mais und/oder Tofuwürfel dazugeben, wird daraus auch ein sättigendes Hauptgericht. Verwenden Sie vorzugsweise einen Wok oder eine Pfanne aus Kupfer
oder Aluminium, die die Hitze gut leiten, damit das Gemüse schnell anbrät,
ohne dass es Wasser zieht und aufweicht. Und servieren Sie die Zoodles
sofort, sie sollten noch Biss haben.

4 Personen

Zubereitungszeit: 15 Minuten
Kochzeit: 20 Minuten

1 Knolle Knoblauch
5 EL Olivenöl
6 Zucchini (ca. 1,2 kg)
Salz, Pfeffer
1 EL Zitronensaft
2 TL geräuchertes
Paprikapulver
geröstete Sonnenblumenkerne
und/oder frisches Basilikum
zum Servieren (optional)

1. Den Ofen auf 210 °C (Ober- und Unterhitze) vorheizen.

2. Die Knoblauchzehen aus der Knolle lösen und mit Schale in
eine kleine ofenfeste Form geben. Mit 2 TL Olivenöl beträufeln
und im Ofen etwa 20 Minuten backen. Lauwarm abkühlen
lassen.

3. Für die Zoodles die Zucchini waschen und zu Spaghetti
schneiden (siehe Anleitung auf Seite 20). 2 EL Olivenöl in einem
Wok oder einer ähnlichen Pfanne erhitzen, die Zucchininudeln
hineingeben, salzen, pfeffern und unter Rühren 1 Minute
30 Sekunden anbraten. Dann vom Herd nehmen und 3 Minuten
nachgaren lassen.

4. Währenddessen den Knoblauch schälen und 6 Knoblauchzehen mit einer Gabel zerdrücken. Den Zitronensaft, das geräu-
cherte Paprikapulver und das restliche Olivenöl dazugeben und
so lange verrühren, bis eine fast homogene Masse entsteht.
Vorsichtig mit den Zoodles vermischen.

5. Mit den restlichen Knoblauchzehen sofort servieren und nach
Wunsch mit gerösteten Sonnenblumenkernen und/oder ein
paar frischen Blättern Basilikum garnieren.

GESUND UND VITAMINREICH

MAFALDINE
mit Salbei, frischen Dicken Bohnen und knusprigen Mandeln

Dieses Rezept ist ein bisschen anders als die klassischen Nudeln mit Salbeibutter – ohne Butter, dafür mit Olivenöl, das eine köstliche Salbeinote erhält, Knoblauch und Zitrone. Außerdem mit dabei: geröstete, superknusprige Mandeln und Dicke Bohnen, die Sie das ganze Jahr über auch tiefgekühlt kaufen können. Geben Sie ruhig auch ein paar ganze Salbeiblätter mit in die Pfanne, sie sind sehr dekorativ und werden schön kross!

4 Personen

Zubereitungszeit: 15 Minuten
Kochzeit: 10 Minuten

30 g ungeschälte Mandeln
160 g Dicke Bohnen, aus den Schoten gelöst und geschält (frisch oder tiefgefroren)
400 g Mafaldine (oder andere Nudeln Ihrer Wahl)
2 Knoblauchzehen
10 Salbeiblätter
60 g Olivenöl
abgeriebene Schale von ½ Bio-Zitrone
Salz, Pfeffer
veganer Parmesan (siehe Rezept Seite 24) zum Servieren

1. Für die Nudeln einen großen Topf mit gesalzenem Wasser zum Kochen bringen und einen kleineren für die Bohnen.

2. Die Mandeln ein paar Minuten in einer Pfanne ohne Fett rösten, bis sie eine schöne Farbe bekommen und duften. Zur Seite stellen.

3. Die Bohnen 3 Minuten (tiefgekühlte Bohnen) oder 1 Minute (frische Bohnen) in gesalzenem Wasser kochen lassen, abgießen und mit kaltem Wasser abschrecken. Zur Seite stellen.

4. Die Nudeln nach Packungsanweisung kochen.

5. Währenddessen den Knoblauch schälen, die Keime entfernen und die Zehen hacken. Die Salbeiblätter waschen, trocken tupfen und ebenfalls hacken. Das Olivenöl in einer Pfanne erhitzen und den Knoblauch darin 1 Minute bräunen. Den gehackten Salbei hinzufügen und 3 bis 4 Minuten mit anschwitzen. Dann die Bohnen und die abgeriebene Zitronenschale dazugeben und 1 weitere Minute unter Rühren garen. Salzen und pfeffern.

6. Die Nudeln abgießen, in eine Schüssel füllen und mit der Salbeimischung sowie den Mandeln bestreuen. Mit ein wenig veganem Parmesan sofort genießen.

FARFALLE
mit Bärlauchpesto, Hanfsamen und Radieschen

Diese Nudeln werden von einem köstlichen Frühlingspesto begleitet, das nur so strotzt vor Vitaminen und Nährstoffen aus Hanfsamen und Bärlauch. Das Pesto kann gut 1 Monat im Kühlschrank aufbewahrt werden, so können Sie auch nach Saisonende noch in den Genuss der wertvollen Heilkräfte des Bärlauchs kommen.

4 Personen

Einweichzeit: 3–4 Stunden
Zubereitungszeit: 20 Minuten
Kochzeit: 10 Minuten

60 g Cashewnüsse
(für 3–4 Stunden in viel Wasser eingeweicht)
1 Bund Bärlauch (etwa 50 g)
2 gehäufte EL geschälte Hanfsamen
abgeriebene Schale und Saft von ½ Bio-Zitrone
Fleur de Sel
60–100 g Olivenöl oder Rapsöl (oder eine Mischung aus beidem)
frisch gemahlener Pfeffer
500 g Farfalle (oder andere mittelgroße Nudeln)
12 Radieschen
1 Schuss Olivenöl

1. Für das Pesto die eingeweichten Cashewnüsse abgießen und abtropfen lassen. Den Bärlauch vorsichtig waschen und trocken tupfen, die Stängel abschneiden. Mit den Cashewnüssen, den Hanfsamen, der Zitronenschale, 1 ordentlichen Prise Salz und 30 g Olivenöl stoßweise im Mixer zerkleinern, bis die gewünschte Konsistenz erreicht ist. Weitere 30 g Olivenöl hinzufügen und erneut mixen. Abschmecken und eventuell Salz, Pfeffer und/oder noch mehr Olivenöl dazugeben. Das Pesto in ein Glas mit Deckel füllen und im Kühlschrank aufbewahren. Die Oberfläche sollte immer mit einer Schicht Olivenöl bedeckt sein, damit das Pesto nicht austrocknet. Die Ölschicht sorgt außerdem für eine längere Haltbarkeit.

2. Die Nudeln nach Packungsanweisung kochen. Die Radieschen waschen, putzen und in dünne Scheiben schneiden. Etwas von dem Grün dranlassen, wenn es frisch ist. Die Nudeln abgießen und mit einem Schuss Olivenöl und Zitronensaft vermischen. Das Pesto und die Radieschenscheiben, eventuell mit Grün, darübergeben. Sofort servieren oder abkühlen lassen und als Salat genießen.

GESUND UND VITAMINREICH

Pesto-Reste?

Sie können das Pesto auf einem Sandwich oder einem herzhaften Pfannkuchen verwerten, mit einer Schüssel Reis servieren oder einem anderen frühlingshaften Pasta-Gericht: Es schmeckt zum Beispiel köstlich mit Tagliatelle tricolore (einer Mischung aus Karotten-, Zucchini- und Weizentagliatelle, siehe auch Seite 86) oder in einer Lasagne mit Frühlingsgemüse unter eine Béchamelsauce gerührt.

Raw Lasagne

Wenn Rohkost Ihnen das Wasser im Mund zusammenlaufen lässt, probieren Sie doch mal diese tolle Lasagne: Scheiben aus knackiger Zucchini, zart schmelzender Okara-Käse, eine Sauce aus getrockneten Tomaten und ein Avocadopesto mit Hanfsamen, garniert mit Basilikum und Sonnenblumenkernen. Eine köstliche Vitaminbombe!

3-4 Personen

Zubereitungszeit: 30 Minuten
Einweichzeit: 2 Stunden

Für den Okara-Käse:
1 kleine Knoblauchzehe
1 kleine Schalotte
100 g Okara
3 TL Zitronensaft
1 TL Apfelessig
2 EL Olivenöl
2 EL Hefeflocken
Salz, Pfeffer
ein paar Löffel Pflanzenmilch
(optional)

Für die Tomatensauce:
50 g getrocknete Tomaten (für mindestens 2 Stunden in ein wenig Wasser eingeweicht)
3 frische Tomaten, nicht zu saftig (etwa 250 g)
1 Knoblauchzehe
1 weiche Medjool-Dattel ohne Stein
1 TL Zitronensaft
1 EL Olivenöl
½ TL gehackte Kräuter der Provence
Salz

Für das Avocadopesto:
250 g Avocadofruchtfleisch (etwa 3 kleine Avocados)
15 Basilikumblätter
5 EL Hanfsamen
Saft von ½ Zitrone
Salz, Pfeffer

Außerdem:
2 lange Zucchini
Basilikum, geröstete Sonnenblumenkerne, Olivenöl oder Fleur de Sel zum Toppen

1. Für den Käse den Knoblauch schälen, den Keim entfernen und die Zehe zerdrücken. Die Schalotte schälen und hacken. Knoblauch und Schalotte mit den anderen Zutaten vermischen, bis eine cremige, aber nicht zu flüssige Masse entsteht (wenn nötig, einige Löffel Pflanzenmilch hinzufügen). In eine Schüssel oder eine kleine Form streichen und in den Kühlschrank stellen.

2. Für die Tomatensauce die getrockneten Tomaten abgießen, die frischen Tomaten waschen, abtrocknen und in Stücke schneiden. Den Knoblauch schälen, den Keim entfernen und die Zehe zerdrücken. Zusammen mit der Dattel, dem Zitronensaft, dem Olivenöl und den Kräutern der Provence mixen, vorsichtig salzen. In den Kühlschrank stellen.

3. Für das Avocadopesto das Avocadofruchtfleisch mit den Basilikumblättern, den Hanfsamen und dem Zitronensaft mixen. Salzen und pfeffern.

4. Die Zucchini der Länge nach in Scheiben von maximal 2 mm Dicke schneiden und diese halbieren. Auf jedem Teller Zucchinischeiben, veganen Käse, Avocadopesto und Tomatensauce im Wechsel aufeinanderschichten. Mit Basilikumblättern oder gerösteten Sonnenblumenkernen und einem Spritzer Olivenöl garnieren.

GESUND UND VITAMINREICH

Resteverwertung

Wenn Tomatensauce übrig
bleibt, können Sie sie mit
in Knoblauch gebratenen
Zoodles servieren –
schnell und köstlich!

TROFIETTE
mit Artischocken, Rucola und Sonnenblumenkernen

Diese hübschen Trofiette werden mit kleinen, aromatischen, in der Pfanne gebratenen Poivrade-Artischocken, gerösteten Sonnenblumenkernen (so viel günstiger als Pinienkerne!) und würzigem Rucola verfeinert. Sie können das Gericht auch mit Penne Rigate oder Spaghetti zubereiten.

4 Personen

Zubereitungszeit: 15 Minuten
Kochzeit: 30 Minuten

10 Poivrade-Artischocken
Saft von 1 Zitrone
2 Knoblauchzehen
4 EL Olivenöl
150 ml trockener Weißwein
1 TL getrockneter Thymian
Salz, Pfeffer
500 g Trofiette (oder andere Nudeln Ihrer Wahl)
2 Handvoll Rucola
2 EL Sonnenblumenkerne

1. Die Artischocken zubereiten: Die äußeren, festeren Blätter entfernen, den Stiel und das obere Drittel der Artischocken abschneiden. Die übrigen Teile in Viertel schneiden und mit der Hälfte des Zitronensaftes beträufeln. Den Knoblauch schälen, die Keime entfernen und die Zehen fein hacken.

2. 2 EL Olivenöl in einer Pfanne erhitzen, die Artischocken hinzufügen und 3 bis 4 Minuten anbraten. Den Knoblauch, den Weißwein, den Thymian, Salz und Pfeffer dazugeben, die Hitze reduzieren und alles 20 bis 25 Minuten köcheln lassen, bis die Artischocken zart sind. Wenn nötig, noch ein wenig Wasser oder Weißwein dazugeben.

3. In der Zwischenzeit einen großen Topf mit gesalzenem Wasser zum Kochen bringen und die Nudeln darin nach Packungsanweisung kochen. Den Rucola waschen und trocken schütteln. Die Sonnenblumenkerne in einer Pfanne ohne Fett ein paar Minuten rösten, dabei regelmäßig umrühren, bis sie eine hübsche Farbe haben.

4. Die Nudeln abgießen und ein wenig Kochwasser zurückbehalten. Mit dem übrigen Olivenöl und dem restlichen Zitronensaft vermischen und über die Nudeln geben, salzen und umrühren. Die Artischocken und den Rucola hinzufügen und vorsichtig unterheben. Mit den Sonnenblumenkernen bestreuen und sofort servieren.

GESUND UND VITAMINREICH

Hinweis

Die kleinen Poivrade-Artischocken, wegen ihrer hübschen violetten und hellgrünen Farbe auch „Violets de Provence" genannt, sind besonders zart und haben kein Heu, weil sie noch nicht ganz ausgereift sind. Um sie zuzubereiten, reicht es aus, den Stiel und die härteren Blätter zu entfernen!

One-Pot-Pasta
„Cheesy Brokkoli"

Kennen Sie One-Pot-Pasta? Das Prinzip ist genauso einfach wie genial: Man vermischt die Nudeln mit allen Zutaten für die Sauce in einem großen Topf, gibt ein wenig Wasser dazu, setzt den Deckel darauf und lässt kochen. Das Ganze verwandelt sich in knapp 10 Minuten in ein cremiges und würziges Gericht ... und es gibt nur einen Topf, den man abwaschen muss. Hier kommt meine Cheesy-Brokkoli-Variante, die Nudeln mit Cashewmus, Hefeflocken und kleinen, knackigen Brokkoliröschen vereint. Sie können aber auch jedes andere grüne Gemüse verwenden, das Sie anlacht!

4 Personen

Zubereitungszeit: 15 Minuten
Kochzeit: 10 Minuten

1 schöner Brokkoli (etwa 500 g)
2 Schalotten
2 EL Olivenöl
300 g mittelgroße Nudeln (z. B. Hörnchen, Penne oder Fusilli)
2 gestrichene TL Instant-Gemüsebrühe (oder 1 Würfel, zerkrümelt)
1 TL Knoblauchpulver
4 EL Hefeflocken (oder mehr)
1 gehäufter TL Senf
1 TL getrockneter Thymian
50 g Cashewmus
Salz, Pfeffer
veganer Parmesan (siehe Rezept Seite 24) zum Servieren

1. Den Brokkoli in Röschen teilen und waschen, den Strunk schälen und in Scheiben schneiden. Zur Seite stellen.

2. Die Schalotten schälen und hacken. Das Olivenöl erhitzen und die Schalotten darin 3 Minuten unter Rühren anschwitzen. Die Nudeln, die Gemüsebrühe, das Knoblauchpulver, die Hefeflocken, den Senf, den Thymian, das Cashewmus sowie 850 ml Wasser hinzufügen.

3. Einmal gut umrühren, dann den Topf fest mit dem Deckel verschließen und den One-Pot bei kleiner Hitze etwa 10 Minuten (oder wie auf der Nudelpackung angegeben) köcheln lassen. 4 Minuten vor Ende der Garzeit (oder etwas früher, wenn Sie das Gemüse weicher mögen) den Brokkoli dazugeben. Salzen und pfeffern. Sobald die Pasta al dente ist, sofort servieren und, wenn gewünscht, etwas veganen Parmesan darüberstreuen.

GESUND UND VITAMINREICH

FUSILLI
mit Paprikacreme und Basilikum

Dieses sommerliche Rezept verbindet gegrillte Paprika mit Mandelmus und Balsamico in einer cremigen Sauce für echte Genießer. Probieren Sie es mit Fusilli oder Penne oder auch mit Zoodles!

4 Personen

Zubereitungszeit: 15 Minuten
Garzeit: 30 Minuten
Ruhezeit: 1 Stunde

3 rote Paprikaschoten
2 Knoblauchzehen
3 EL Balsamico-Essig
40 g weißes Mandelmus
2 TL Zitronensaft
1 Prise Piment d'Espelette
Salz, Pfeffer
400 g Fusilli oder andere mittelgroße Nudeln
½ Bund Basilikum
2 EL Sonnenblumenkerne (optional)

1. Den Ofengrill auf höchster Stufe vorheizen.

2. Die Paprika waschen und mit den ungeschälten Knoblauchzehen auf ein mit Backpapier ausgelegtes Backblech oder in eine große Auflaufform legen. Unter dem Grill rösten und ab und zu wenden, bis sich schwarze Blasen auf der Oberfläche bilden. Den Knoblauch zur Seite legen, die Paprika in einen verschließbaren Beutel geben und 1 Stunde ruhen lassen. Dann die Haut, die Kerne und die weißen Innenwände entfernen (unter fließendem Wasser geht es schneller). Die Paprika mit dem weichen Inneren der Knoblauchzehen, dem Balsamico-Essig, dem Mandelmus, dem Zitronensaft, dem Piment d'Espelette, Salz und Pfeffer in einen Mixer geben und so lange mixen, bis eine cremige und glatte Masse entsteht.

3. Die Nudeln nach Packungsanweisung kochen, abgießen und in den Topf zurückgeben. Die Paprikacreme hinzufügen und untermischen. Die Creme erwärmt sich so an den Nudeln; wenn Sie es aber schön heiß mögen, können Sie das Ganze auch kurz noch mal bei geringer Hitze erwärmen.

4. Das Basilikum waschen, trocken schütteln und die Blättchen von den Stielen zupfen. Die Sonnenblumenkerne in einer Pfanne ohne Fett ein paar Minuten anrösten. Beides über die Pasta streuen und servieren.

Tipp

Wenn etwas von der Paprikasauce übrig bleibt, können Sie sie auf Bruschetta oder mit Oliven und veganem Käse auf einer Pizza verwerten.

GESUND UND VITAMINREICH

ORECCHIETTE-SALAT
mit Mungobohnen, Avocado und Limette

Diesen frischen und nahrhaften Salat können Sie gut vorbereiten und bis zu 24 Stunden im Kühlschrank aufbewahren – perfekt für ein Picknick! Geben Sie allerdings die Avocados erst kurz vor dem Servieren dazu, sie werden so schnell braun. Wenn Sie möchten, ersetzen sie die Mungobohnen durch Kerne von Dicken Bohnen oder Linsen.

6 Personen

Einweichzeit: 12 Stunden
Zubereitungszeit: 20 Minuten
Kochzeit: 30 Minuten

100 g Mungobohnen (in reichlich Wasser über Nacht eingeweicht)
Meersalz
500 g Orecchiette
1 Knoblauchzehe
Saft von ½ Zitrone
Saft von 2 Limetten
2 EL Sesamöl
1 EL Olivenöl
2 TL Tamari
1 Bund Koriander
3 reife Avocados

1. Die eingeweichten Mungobohnen gründlich unter fließendem Wasser abspülen, mit 1 Prise Salz in einen Topf geben, gut mit kaltem Wasser bedecken und bei kleiner Hitze 15 bis 20 Minuten köcheln lassen. Sie sollen noch etwas Biss haben. Abgießen und zur Seite stellen.

2. Die Orecchiette nach Packungsanweisung kochen.

3. In der Zwischenzeit für die Vinaigrette den Knoblauch schälen, den Keim entfernen und die Zehe zerdrücken. Mit dem Zitronen- und Limettensaft, den Ölen und der Tamarisauce verrühren.

4. Die Nudeln abgießen, unter kaltem Wasser abschrecken und in eine große Schüssel füllen. Die Mungobohnen und die Vinaigrette darübergeben und vorsichtig umrühren. Zurückhaltend salzen. Den Koriander waschen, trocken schütteln, die Blättchen abzupfen und hacken. Die Avocados schälen, das Fruchtfleisch herauslösen und in Stücke oder Scheiben schneiden. Den Salat mit Koriander und Avocado garnieren und schön kühl servieren.

GESUND UND VITAMINREICH

Karamellisierte
SÜßKARTOFFEL-
ORANGEN-SPAGHETTI

Dieses supereinfache Rezept macht mich im Winter glücklich, wenn ich große Lust auf eine schöne Süßkartoffel habe, aber nicht 40 Minuten warten möchte, bis sie im Backofen gegart ist. Knapp 5 Minuten reichen hier aus, um diese leckeren, zarten und leicht mit Orange karamellisierten Gemüse-Spaghetti zuzubereiten. Ich gebe rote Zwiebeln und Koriander dazu, eine meiner Lieblingskombinationen, aber Sie können auch mit Gewürzen Ihrer Wahl variieren und/oder eine Handvoll knusprige Pekannüsse ergänzen. Schnell servieren, damit die Spaghetti nicht aufweichen!

2 Personen

Zubereitungszeit: 10 Minuten
Kochzeit: 10 Minuten

1 große Süßkartoffel
1 kleine rote Zwiebel
1 Knoblauchzehe
1 EL Kokosöl
2 Prisen Piment d'Espelette
Saft von ½ Orange
3 Zweige frischer Thymian, die Blättchen abgezupft
Salz, Pfeffer
1 EL frisch gehackter Koriander

1. Die Süßkartoffel abbürsten, wenn gewünscht, schälen und zu Spaghetti schneiden (siehe Seite 20/21).

2. Die rote Zwiebel schälen und in feine Ringe schneiden. Den Knoblauch schälen, den Keim entfernen und die Zehe zerdrücken.

3. Das Kokosöl in einem Wok oder einer Pfanne erhitzen, den Knoblauch und das Piment d'Espelette hinzufügen und unter Rühren 1 Minute anschwitzen. Dann die Zwiebel und die Süßkartoffel-Spaghetti dazugeben und unter häufigem Rühren weitere 2 bis 3 Minuten garen. Den Orangensaft und den Thymian hinzufügen, die Hitze reduzieren und die Pfanne abdecken. 3 bis 4 Minuten köcheln lassen und dabei darauf achten, dass die Spaghetti gar, aber nicht zu weich werden. Salzen, pfeffern, vom Herd nehmen und mit dem gehackten Koriander bestreut sofort servieren.

GESUND UND VITAMINREICH

LINGUINE
mit Grünkohlpesto und Kürbiskernen

Dieses Pesto mit supergesundem Grünkohl enthält außerdem geröstete Kürbiskerne, Mandeln sowie eine Prise Hefeflocken, genauso wie Oliven- und Rapsöl für ein ausgewogenes Verhältnis von essenziellen Fettsäuren. Es passt zu einem großen Teller heißer oder kalter Nudeln, aber auch als Dip zum Aperitif oder auf einer Bruschetta.

4 Personen

Zubereitungszeit: 15 Minuten
Kochzeit: 10 Minuten

200 g knackige Grünkohlblätter
1 Knoblauchzehe
50 g Kürbiskerne
50 g Mandeln
2 EL Zitronensaft
1–2 EL Hefeflocken (nach Geschmack)
1 TL Salz
40 g Olivenöl
40 g Rapsöl
500 g Linguine (oder andere Nudeln Ihrer Wahl)
evtl. geröstete Kürbiskerne zum Bestreuen

1. Die Kohlblätter waschen, die Strünke herausschneiden und die Blätter mit einem sauberen Geschirrtuch abtrocknen. Die Knoblauchzehe schälen und den Keim entfernen.

2. Die Kürbiskerne in einer Pfanne ohne Fett einige Minuten vorsichtig anrösten, bis die Schale leicht aufplatzt. Mit den Kohlblättern, den Mandeln, der Knoblauchzehe, dem Zitronensaft, den Hefeflocken und dem Salz in einen Mixer geben. Stoßweise zerkleinern, bis die gewünschte Konsistenz erreicht ist, dann nach und nach die Öle hinzufügen und dabei weitermixen. Wenn das Ergebnis zu trocken ist, noch zusätzliches Öl dazugeben.

3. Die Linguine nach Packungsanweisung kochen. Mit etwa der Hälfte des Grünkohlpestos vermischen und, wenn gewünscht mit einigen gerösteten Kürbiskernen bestreut, sofort servieren.

4. Das restliche Pesto in einem Glas im Kühlschrank aufbewahren und nach jeder Entnahme wieder mit einer dünnen Ölschicht bedecken.

GESUND UND VITAMINREICH

Varianten

Sie können die Mandeln
durch Cashewnüsse ersetzen,
um dem Pesto eine zartere
Konsistenz zu geben, die
Ölmenge erhöhen oder andere
Sorten ausprobieren – Haselnussöl ist köstlich zu Grünkohl,
Hanföl boostet das Ganze mit
seinem grünen Duft.

CONCHIGLIETTE
mit kandiertem Fenchel, Granatapfel und Spinat

Dieses hübsche, farbenfrohe Gericht stellt ein Gemüse in den Mittelpunkt, das viel zu selten mit Nudeln in Verbindung gebracht wird: den Fenchel. Hier wird er mit einigen Apfelspalten und Thymian ganz leicht karamellisiert, bevor er zusammen mit Granatapfelkernen und frischem Babyspinat in einer großen Schüssel auf die Conchigliette trifft. Ein ideales Rezept, wenn sich der Winter noch nicht verabschieden möchte, man aber schon Lust auf Frühling hat! Die Granatapfelkerne können durch getrocknete Cranberrys ersetzt werden und die Conchigliette durch andere kleine Nudeln (z. B. Farfalle, Hörnchen, Mini-Penne oder Fusilli).

4 Personen

Zubereitungszeit: 15 Minuten
Kochzeit: 30 Minuten

2 Fenchelknollen
1 kleiner Apfel
4 EL Olivenöl
1 TL brauner Zucker
1 TL getrockneter Thymian
2 Msp. Fleur de Sel
400 g Conchigliette (oder andere Nudeln in der gleichen Größe)
1 Granatapfel
2 Handvoll Babyspinatblätter
Saft von ½ Zitrone
Salz, Pfeffer

1. Die Fenchelknollen waschen und die Stiele sowie die äußeren Blätter, wenn sie zu hart erscheinen, entfernen. Das Fenchelgrün zur Seite legen. Die Knollen in etwa 3 mm dicke Scheiben schneiden. Den Apfel schälen, vierteln, vom Kerngehäuse befreien und in Spalten schneiden.

2. Den Fenchel und die Apfelspalten zusammen mit 2 EL Olivenöl in einem gusseisernen Topf oder in einem Topf mit dickem Boden 3 Minuten anschwitzen. Dann den Zucker, den Thymian und das Fleur de Sel hinzufügen, den Deckel aufsetzen und den Fenchel bei sehr geringer Hitze 15 bis 20 Minuten garen. Er soll schön zart werden und leicht karamellisieren. Zur Seite stellen.

3. Die Nudeln nach Packungsanweisung kochen. In der Zwischenzeit die Granatapfelkerne herauslösen und die Babyspinatblätter waschen und trocken schütteln.

4. Die Nudeln abgießen, mit dem restlichen Olivenöl und dem Zitronensaft vermischen, salzen und pfeffern. Zwei Drittel des Fenchelgemüses, die Granatapfelkerne sowie die Spinatblätter dazugeben und vorsichtig umrühren. Mit dem restlichen Fenchel und dem Fenchelgrün garnieren. Sofort servieren oder im Kühlschrank aufbewahren und als Salat genießen.

GESUND UND VITAMINREICH

SCHNELLE SHIRATAKI-NUDELN
mit roten Zwiebeln, Koriander und Erdnüssen

Diese Spaghetti auf Basis von Konjakmehl – sehr bissfest und neutral im Geschmack – haben mich sofort begeistert: Sie müssen nur 2 Minuten kochen, bevor sie ganz nach Belieben angerichtet und sowohl warm als auch kalt im Salat serviert werden können. Hier kommt meine „Fusion"-Variante, die Sie mit Avocadospalten oder Tofuwürfeln zu einer vollständigen, aber leichten Mahlzeit ergänzen können. Wenn Sie das Gericht als Salat genießen möchten, schrecken Sie die Nudeln nach dem Kochen ab.

1 Person

Zubereitungszeit: 5 Minuten
Kochzeit: 2 Minuten

1 Packung Vollkorn-Shirataki
(etwa 150 g)
1 TL Tamari oder Shoyu
1 TL Reisessig
2 TL Sesamöl (ungeröstet
oder geröstet)
½ rote oder rosa Zwiebel
1 kleiner EL frisch gehackter
Koriander
1 gehäufter TL Erdnüsse,
grob gehackt

1. Die Shirataki-Nudeln ausgiebig in einem großen Sieb unter fließendem Wasser waschen, dann 2 Minuten kochen und sorgfältig abtropfen lassen. In eine große Schüssel füllen. Die Tamarisauce, den Reisessig und das Sesamöl vermischen, über die Nudeln geben und umrühren.

2. Die Zwiebel schälen und in so feine Ringe wie möglich schneiden (am besten mit einem Gemüsehobel). Mit dem Koriander und den grob gehackten Erdnüssen zu den Nudeln geben. Sofort servieren oder vor dem Genuss ein wenig abkühlen lassen.

Hinweis

Man findet Shirataki-Nudeln in asiatischen Lebensmittelgeschäften oder in einigen Biomärkten.

GESUND UND VITAMINREICH

TAGLIATELLE TRICOLORE
mit Gemüse und Misocreme

Dieses supereinfache Rezept mit Tagliatelle aus Karotten und Zucchini wird gekrönt von einer sahnigen Creme aus Cashewmus und weißer Misopaste, die reich an Probiotika und Enzymen ist. Wenn Sie ein handwerklich hergestelltes, nicht pasteurisiertes Miso finden, greifen Sie zu – es ist so viel besser!

4 Personen

Zubereitungszeit: 20 Minuten
Kochzeit: 10 Minuten

50 g weißes Miso
20 g Cashewmus
40 g Sesamöl
20 g Olivenöl
15 g Apfelessig
1 TL Tamari
Salz, Pfeffer
400 g Tagliatelle aus Weizen oder Reis
2 große Karotten
2 Zucchini
frischer Koriander und/oder Gomasio zum Servieren (optional)

1. Für die Misocreme die Misopaste, das Cashewmus, die Öle, den Essig und die Tamarisauce in einen Mixer geben und so lange mixen, bis eine glatte, cremige Konsistenz erreicht ist. Salzen und pfeffern und nach Geschmack noch mehr Tamarisauce oder Apfelessig dazugeben. Zur Seite stellen.

2. Die Getreidenudeln nach Packungsanweisung kochen.

3. In der Zwischenzeit die Karotten und Zucchini waschen oder abbürsten, putzen und zu Tagliatelle schneiden (siehe Anleitung auf Seite 20). 1 cm hoch Wasser in einem Topf zum Kochen bringen, das Gemüse hineingeben, den Deckel aufsetzen und bei mittlerer Hitze 1 Minute kochen. Dann vom Herd nehmen und mit geschlossenem Deckel 5 Minuten nachgaren lassen.

4. Die Getreidenudeln abgießen, sobald sie gar sind. Dabei eine kleine Menge des Kochwassers auffangen und unter die Misocreme rühren. Die Creme über die Nudeln geben und vermischen. Die abgetropften Gemüse-Tagliatelle dazugeben und sehr vorsichtig unterheben. Nach Belieben mit Koriander und/oder Gomasio garnieren und sofort servieren.

GESUND UND VITAMINREICH

INSPIRATION

aus

aller Welt

RAMEN
mit karamellisiertem Tempeh

Ramen sind aus der japanischen Küche nicht wegzudenken. Dabei handelt es sich um Gemüsesuppen, die mit Weizennudeln (die übrigens ebenfalls Ramen heißen) und weiteren Zutaten nach Wahl angereichert werden. Hier kommt meine Lieblingsversion mit glasierten Karotten aus dem Backofen in einer Orangenmarinade, Knoblauch, Ingwer und Teriyaki-Tempeh, karamellisiert mit Tamarisauce und Ahornsirup.

2 Personen

Zubereitungszeit: 30 Minuten
Garzeit: 40 Minuten

Für die Karotten:
300 g Karotten
1 kleine Knoblauchzehe
½ daumengroßes Stück Ingwer
Saft von ½ Orange
2 EL Olivenöl
1 TL Ahornsirup
Salz, Pfeffer

Für den karamellisierten Tempeh:
100 g Tempeh
1 EL Olivenöl oder Kokosöl
2 EL Tamari oder Shoyu
1 EL Kokosblütensirup

Für die Brühe:
1 gehäufter TL Instant-Gemüsebrühe
2 TL Tamari
2 TL Miso nach Wahl
(Reis, Gerste, 100 % Soja)
160 g Ramen-Nudeln
1 EL frisch gehackter Koriander
1 gehäufter TL Sesamsamen

1. Den Backofen auf 180 °C (Ober- und Unterhitze) vorheizen. Die Karotten abbürsten, der Länge nach vierteln und nebeneinander auf ein mit Backpapier ausgelegtes Backblech legen. Den Knoblauch schälen, den Keim entfernen und die Zehe zerdrücken. Den Ingwer schälen und reiben. In einer kleinen Schüssel den Knoblauch, den Ingwer, den Orangensaft, das Olivenöl und den Ahornsirup verrühren. Die Karotten damit beträufeln, salzen, pfeffern und für etwa 40 Minuten in den Backofen schieben, bis sie weich sind. Nach der Hälfte der Zeit wenden. Im ausgeschalteten Backofen stehen lassen.

2. Den Tempeh in kleine Scheiben schneiden und in einer sehr heißen Pfanne in dem Oliven- oder Kokosöl goldgelb anbraten. Die Tamarisauce mit dem Kokosblütensirup und 3 TL kaltem Wasser verrühren und über dem Tempeh verteilen. Die Tempehscheiben bei geringer Hitze von beiden Seiten karamellisieren lassen, bis sie goldbraun sind und keine Flüssigkeit mehr vorhanden ist.

3. Für die Gemüsebrühe 500 ml Wasser mit der Instant-Gemüsebrühe und der Tamarisauce erhitzen. Vom Herd nehmen und die Misopaste darin auflösen. Die Nudeln nach Packungsanweisung kochen und abgießen. Auf zwei Schüsseln verteilen, die Karotten und den Tempeh darübergeben und mit der heißen Brühe auffüllen. Mit Koriander und Sesam dekorieren und sofort genießen.

INSPIRATIONEN AUS ALLER WELT

ONE-POT-PASTA
mit Curry und Kokos

Dieser One Pot ist einfach und schnell zubereitet und bekommt durch Kokosmilch, Cashewmus und gelbes Curry eine orientalische Note. Gelber Curry oder Bombay-Curry ist sehr mild und aromatisch – er besteht aus 70 unterschiedlichen Gewürzen! Somit ist er ideal für die ganze Familie, Kinder eingeschlossen. Wenn Sie es aber gerne schärfer mögen, spricht nichts gegen eine kräftigere Mischung. Sie können auch Currypaste verwenden, wenn Sie welche haben, das ist noch besser – in dem Fall geben Sie sie gleich zu Beginn zu Knoblauch und Ingwer dazu. Außerhalb der Zucchinisaison können Sie Karottenscheiben, gewürfelten Kürbis, in Ringe geschnittenen Lauch oder einen Mix aus grünem Gemüse (z. B. Erbsen, Kerne von Dicken Bohnen und halbierte grüne Bohnen) verwenden.

4 Personen

Zubereitungszeit: 10 Minuten
Kochzeit: 15 Minuten

1 kleine Zwiebel
1 EL Olivenöl oder Kokosöl
1 Knoblauchzehe
½ daumengroßes Stück Ingwer
300 g Zucchini oder anderes saisonales Gemüse
3 TL gelbes Currypulver (oder 1 EL gelbe Currypaste)
200 g Kokosmilch (aus der Dose)
350 ml Gemüsebrühe
300 g Penne Rigate oder Makkaroni
1 EL Cashewmus
Salz, Pfeffer

1. Die Zwiebel schälen und hacken. In einem gusseisernen Topf oder einem Topf mit dickem Boden das Oliven- oder Kokosöl erhitzen und die Zwiebel darin 3 Minuten anschwitzen. Den Knoblauch schälen, vom Keim befreien und hacken, den Ingwer ebenfalls schälen und klein schneiden. Beides hinzufügen und 1 Minute mit anbraten.

2. Die Zucchini waschen, die Enden abschneiden und das Fruchtfleisch in kleine Würfel schneiden. Erst den Curry, die Kokosmilch und die Gemüsebrühe, dann die Nudeln und die gewürfelten Zucchini sowie das Cashewmus in den Topf geben. Salzen, pfeffern und gut umrühren.

3. Den Deckel aufsetzen und 10 bis 12 Minuten leise köcheln lassen, dabei vorsichtig drei- bis viermal umrühren. Wenn nötig, noch etwas Kokosmilch oder Brühe hinzufügen und die Kochzeit verlängern: Die Nudeln sollen weich sein und die Konsistenz des Gerichtes cremig. Sofort servieren.

INSPIRATIONEN AUS ALLER WELT

CROZETS SAVOYARD
mit Lauch und Räuchertofu-Speck

Dieses Rezept ist eine Abwandlung des Klassikers aus den französischen Alpen – hier wird der Reblochon durch eine sahnige „Käsecreme" mit Hefeflocken ersetzt und das Gericht mit meinem ganz besonderen Extra verfeinert: ganz leicht karamellisiertem Lauch. Wie bei jedem Gratin, das etwas auf sich hält, ist auch dieses natürlich am nächsten Tag aufgewärmt noch besser!

4 Personen

Zubereitungszeit: 20 Minuten
Kochzeit: 35 Minuten

2 große Lauchstangen
200 g geräucherter Tofu
2 EL Olivenöl + 1 Spritzer
1 gute Prise brauner Zucker
oder Vollrohrzucker
300 g Crozets (typisch französische Buchweizennudeln)
Salz, Pfeffer
200 ml vegane Sahne
2 EL Hefeflocken
1 TL granulierte Zwiebel
1 TL Senf
1 EL Semmelbrösel

1. Die harten dunkelgrünen Enden und die Wurzelenden der Lauchstangen entfernen, die Stangen der Länge nach halbieren und in kleine Stücke schneiden. In einer großen Schüssel gründlich mit kaltem Wasser waschen und abtropfen lassen.

2. Den Tofu in kleine Stücke schneiden. 1 EL Olivenöl in einer Pfanne erhitzen und den Tofu darin ca. 5 Minuten anbraten, bis die Würfel schön gebräunt sind.

3. Den Räuchertofu-Speck umfüllen. Das restliche Olivenöl in die Pfanne geben und den Lauch mit 1 Prise Zucker 10 Minuten anschwitzen, bis er schön weich ist und zu karamellisieren beginnt. Salzen und pfeffern.

4. Die Crozets nach Packungsanweisung kochen. Den Backofen auf 180 °C (Ober- und Unterhitze) vorheizen.

5. In der Zwischenzeit die Sahne mit den Hefeflocken, den granulierten Zwiebeln und dem Senf verrühren, salzen und pfeffern.

6. Die abgegossenen Crozets mit der Creme vermischen, den Lauch und den gebratenen Tofu hinzufügen und alles in eine Auflaufform oder in mehrere kleine Förmchen füllen. Mit den Semmelbröseln bestreuen und 1 Spritzer Olivenöl darübergeben. Etwa 20 Minuten im Backofen überbacken oder so lange, bis das Gratin schön goldbraun ist. Sofort servieren.

INSPIRATIONEN AUS ALLER WELT

Hinweis

Es gibt Crozets aus 100 %
Buchweizenmehl, welche aus hellem
Weizenmehl und solche aus einer
Mischung beider Mehlsorten. Manchmal
enthalten sie auch Eier. In Deutschland
ist diese französische Nudelspezialität
leider nur selten zu bekommen – Sie
können sie durch andere kleine Nudeln
ersetzen, auch wenn sich das Ergebnis
in Geschmack und Textur dann noch
etwas weiter vom Original
entfernt.

SOBA-NUDELN
mit Shiitake und Lauchzwiebeln

Soba-Nudeln zählen zu meinen Lieblingsnudeln, besonders, wenn sie zu 100 % aus Buchweizen bestehen. Sie schmecken viel besser, wenn man sie nach dem Kochen unter kaltem Wasser abschreckt. Sie können sie danach in heiße Gemüsebrühe legen und wieder aufwärmen, wenn Sie möchten. In Kombination mit der Haselnusscreme aus diesem supereinfachen Rezept sind sie ein ganz besonderer Genuss!

4 Personen

Zubereitungszeit: 15 Minuten
Garzeit: 10 Minuten

400 g Shiitake-Pilze
2 EL Olivenöl
Salz, Pfeffer
1 gestrichener EL Haselnussmus
2 gehäufte TL weißes Miso
1 ½ TL Tamari
2–3 Frühlingszwiebeln, je nach Größe
400 g Soba-Nudeln

1. Einen großen Topf mit Salzwasser für die Soba-Nudeln zum Kochen bringen.

2. In der Zwischenzeit die Pilze mit einem sauberen Tuch reinigen, ohne sie zu waschen, die schmutzigen oder holzigen Enden der Stiele abschneiden. Die Pilze in einer Pfanne mit dem Olivenöl bei starker Hitze etwa 10 Minuten anbraten oder so lange, bis die Pilze gut durchgegart und leicht angebräunt sind. Salzen, pfeffern und zur Seite stellen.

3. Für die Sauce das Haselnussmus mit der Misopaste und der Tamarisauce vermischen und nach und nach gerade so viel Wasser hinzufügen, dass eine glatte, flüssige Creme entsteht. Die Frühlingszwiebeln von den Enden befreien, waschen, trocken tupfen und in Röllchen schneiden.

4. Die Nudeln nach Packungsanweisung kochen, abgießen, unter kaltem Wasser abschrecken und dabei mit den Händen umrühren. Die Nudeln auf einer Platte anrichten, die Creme und die Pilze darübergeben und mit Frühlingszwiebelröllchen bestreuen.

INSPIRATIONEN AUS ALLER WELT

REGENBOGEN-PAD-THAI

Mit einem ganz einfachen Trick werden diese Reisnudeln schön bunt und anschließend mit Tofu, Knoblauch und Ingwer in der Pfanne geschwenkt. Für einen echten Wow-Effekt geben Sie ein paar Tropfen Zitronensaft auf die blauen Nudeln, die dadurch sofort rosa werden!

4 Personen

Zubereitungszeit: 15 Minuten
Kochzeit: 15 Minuten

1 Knoblauchzehe
1 daumengroßes Stück Ingwer
bunte Gemüsestücke
zur Dekoration (z. B. Karotten,
Kohlrabi, Rote Bete)
200 g Tofu
(natur oder fermentiert)
1 Stück Rotkohl (ca. 5 cm
Kantenlänge)
2 TL Kurkumapulver
Salz
300 g weiße Reisnudeln
2 EL Kokosöl
1 Handvoll aromatische Kräuter
(z. B. Koriander, Basilikum,
Minze) zum Servieren

1. Zwei große Töpfe mit Wasser zum Kochen bringen.

2. In der Zwischenzeit den Knoblauch schälen, den Keim entfernen und die Zehe fein hacken. Den Ingwer schälen und in kleine Stücke schneiden. Das bunte Gemüse in die gewünschte Form schneiden (z. B. in Würfel, mit einem Kugelausstecher in Kugeln, mit Ausstechförmchen in Sterne oder Herzen). Den Tofu in kleine Würfel schneiden.

3. Sobald das Wasser kocht, den Rotkohl in den einen Topf geben und das Kurkumapulver in den anderen, jeweils mit ein bisschen Salz. 5 Minuten köcheln lassen, dann den Rotkohl herausnehmen, in jeden Topf die Hälfte der Nudeln geben und nach Packungsanweisung kochen.

4. In der Zwischenzeit die Hälfte des Kokosöls in einem Wok erhitzen, den Knoblauch und den Ingwer dazugeben und 1 Minute anschwitzen. Dann den Tofu hinzufügen und 3 bis 4 Minuten anbraten, bis er schön goldbraun ist.

5. Die Nudeln nacheinander abgießen und zu dem Tofu in den Wok geben. Vorsichtig umrühren und 1 Minute garen lassen. Mit dem bunten Gemüse und den Kräutern garnieren, das restliche Kokosöl darübergeben und sofort servieren.

INSPIRATIONEN AUS ALLER WELT

Pasta Moussaka

Dieses Rezept verbindet zwei große Klassiker der Mittelmeerküche: Lasagne und Moussaka, ein traditionelles griechisches Gericht mit Auberginen, Tomaten und Hackfleisch, das ich hier durch Tempeh ersetzt habe – so köstlich zu den Auberginen. Noch besser wird es mit frischem Basilikum!

6 Personen

Zubereitungszeit: 45 Minuten
Kochzeit: 45 Minuten

2 Auberginen (etwa 600 g)
3 sehr reife Tomaten (am besten Roma- oder Rispentomaten)
Salz
200 g Tempeh
1 Knoblauchzehe
1 Zwiebel
8 EL Olivenöl
1 TL getrockneter Thymian oder Oregano
1 EL Tomatenmark
12 Lasagneblätter
200 ml vegane Sahne
2 gestrichene EL Hefeflocken
1 TL granulierte Zwiebeln
1 EL Zitronensaft
Pfeffer
2–3 EL Semmelbrösel

1. Die Auberginen waschen und in feine Scheiben schneiden. In einem großen Sieb mit ½ EL Salz vermischen und Wasser ziehen lassen.

2. Die Tomaten waschen, abtrocknen, von den Stielansätzen befreien und in Würfel schneiden. Den Tempeh grob hacken. Den Knoblauch schälen, den Keim entfernen und die Zehe hacken. Die Zwiebel ebenfalls schälen und hacken.

3. Den Knoblauch und die Zwiebel in 2 EL Olivenöl anschwitzen. Die Tomaten, den Thymian sowie 200 ml Wasser hinzufügen, bei mittlerer Hitze 10 Minuten köcheln lassen, dabei ab und zu umrühren. Das Tomatenmark und den Tempeh dazugeben und alles weitere 5 bis 10 Minuten köcheln lassen. Wenn nötig, etwas Wasser hinzufügen – die Sauce soll cremig, aber nicht flüssig sein.

4. Die Auberginen abwaschen und mit einem Küchentuch trocken tupfen. In 4 bis 5 EL Olivenöl von beiden Seiten anbraten, bis sie schön weich und angebräunt sind. Auf Küchenpapier abtropfen lassen.

5. Wenn nötig, die Lasagneblätter in einem großen Topf mit heißem Wasser vorkochen, dabei ab und zu umrühren, damit sie nicht aneinanderkleben.

6. Die Sahne mit den Hefeflocken, der granulierten Zwiebel und dem Zitronensaft in einer Schüssel verrühren, salzen und pfeffern.

7. Den Backofen auf 180 °C (Ober- und Unterhitze) vorheizen. Eine Auflaufform mit 1 EL Olivenöl fetten, mit einer Schicht Lasagneblätter auslegen und darauf Auberginen und Tomaten-Tempeh-Sauce verteilen. Den Vorgang so oft wiederholen, bis alle Zutaten aufgebraucht sind, ganz oben mit einer Schicht Creme abschließen. Mit den Semmelbröseln bestreuen. Die Pasta Moussaka im Ofen 30 Minuten backen und heiß genießen.

INSPIRATIONEN AUS ALLER WELT

STIR-FRY
mit Chinakohl, Ingwer und Cashewnüssen

Stir-fry ist eine chinesische Art der Zubereitung, bei der die klein geschnittenen Zutaten in der Pfanne unter Rühren sehr heiß angebraten und mit einer Sauce verfeinert werden. Diese Version mit Chinakohl, einer ordentlichen Menge Ingwer und knackigen Cashewnüssen mag ich besonders gern. Für eine vollständige Mahlzeit können Sie noch ein paar angebratene Tofuwürfel dazugeben.

2 Personen

Zubereitungszeit: 10 Minuten
Kochzeit: 10 Minuten

180 g chinesische Nudeln
40 g Tamari oder Shoyu
30 g Sesamöl + 1 EL
1 TL Ahornsirup
2 gestrichene TL Pfeilwurzelmehl
½ Chinakohl
1 Knoblauchzehe
1 daumengroßes Stück Ingwer
12 Cashewnüsse, grob gehackt

Tipp

Wählen Sie vorzugsweise dünne asiatische Nudeln aus Weizen-, Reis- oder sogar Buchweizenmehl – ich mag dieses Rezept am liebsten mit Vollkornreisnudeln, die gerade mal 4 Minuten kochen müssen.

1. Die Nudeln nach Packungsanweisung kochen, dann in ein Sieb abgießen.

2. In der Zwischenzeit für die Sauce die Tamarisauce, das Öl und den Ahornsirup in einer Schüssel vermischen. Das Pfeilwurzelmehl dazugeben und kräftig rühren, um eine gleichmäßige Sauce ohne Klümpchen zu erhalten. Zur Seite stellen

3. Den Chinakohl in dünne Scheiben schneiden. Den Knoblauch schälen, den Keim entfernen und die Zehe hacken. Den Ingwer ebenfalls schälen und sehr fein hacken. 1 EL Sesamöl in einem Wok oder einer ähnlichen Pfanne erhitzen. Knoblauch und Ingwer dazugeben, 1 Minute anbraten, dann den Chinakohl hinzufügen und 4 bis 5 Minuten weiterbraten, dabei ständig umrühren. Die Nudeln in den Wok geben, die Sauce hinzufügen, gut vermischen und noch etwa 3 Minuten weitergaren oder so lange, bis die Sauce andickt und sich gut mit den Zutaten verbindet. Mit den grob gehackten Cashewnüssen bestreuen und sofort servieren.

INSPIRATIONEN AUS ALLER WELT

ERBSEN-CHORBA
mit Minze und Vermicelli

Chorba ist eine traditionelle Suppe aus Nordafrika, die während des Ramadans fast täglich gegessen wird. Es gibt zahlreiche Varianten, aber das Grundrezept ist immer mit Minze und Koriander. Außerdem enthält die Suppe meistens Fleisch, Gemüse und Vermicelli oder Weizenschrot, manchmal Kichererbsen. Diese vegane Version wird mit Vermicelli und Spalterbsen zubereitet und sie kann das ganze Jahr über mit Tomaten aus der Dose zubereitet werden. Nehmen Sie gern eine größere Menge aromatischer Kräuter und variieren Sie das Gemüse, je nachdem, was Sie zur Hand haben: Zucchini, Aubergine, Kürbis, Spinat und warum nicht auch Brokkoliröschen für eine hübsche, komplett grüne Variante. Sie können Vermicelli aus Weiß- oder Vollkornmehl verwenden.

4 Personen

Zubereitungszeit: 15 Minuten
Kochzeit: 35 Minuten

1 Stange Staudensellerie
1 rote oder gelbe Zwiebel
1 EL Olivenöl
½ Bund Koriander
12 Minzblätter
2 TL Paprikapulver
Salz, Pfeffer
400 g geschälte und gehackte Tomaten (frisch oder aus der Dose)
150 g Spalterbsen (wenn gewünscht, über Nacht in Wasser eingeweicht)
80 g Vermicelli

1. Den Sellerie waschen, die Enden abschneiden und die Stange in feine Scheiben schneiden. Die Zwiebel schälen und hacken. In einem Schmortopf das Olivenöl erhitzen und das Gemüse darin 3 Minuten unter Rühren anschwitzen.

2. Den Koriander waschen, trocken schütteln und die Blätter abzupfen. Zusammen mit 6 Blättern Minze, dem Paprikapulver, Salz und Pfeffer in den Topf geben und 1 Minute mitdünsten, dann die Tomaten und 1 l Wasser dazugeben.

3. Die Spalterbsen abwaschen und ebenfalls in den Topf geben. Gut umrühren, den Deckel aufsetzen und die Suppe etwa 30 Minuten köcheln lassen oder so lange, bis die Erbsen gar sind, aber noch Biss haben.

4. Die Vermicelli hinzufügen und alles weitere 5 Minuten (oder so lange wie auf der Packung angegeben) kochen lassen. Mit den restlichen Minzblättern garnieren und schön heiß servieren.

INSPIRATIONEN AUS ALLER WELT

Mac and Cheese
mit Butternutkürbis

Amerikaner sind echte Experten für Comfort Food. Das beweist ein ganz typisches Gericht, die Mac and Cheese, ein sahniger Auflauf mit Nudeln und Käse. Meine köstliche Variante davon wird mit Butternutkürbis zubereitet und ist genauso einfach wie das Original und ebenso cremig – dabei aber deutlich leichter. Wie alle überbackenen Aufläufe sind auch diese Mac and Cheese am nächsten Tag aufgewärmt noch besser!

6 Personen

Zubereitungszeit: 15 Minuten
Garzeit: 1 Stunde

1 Butternutkürbis, der Länge nach halbiert (etwa 600 g) oder 400 g gekochtes Kürbisfruchtfleisch
2 TL Olivenöl
Salz, Pfeffer
2 Knoblauchzehen
50 g Cashewmus
200 g Hafer- oder Sojamilch
1 TL granulierte Zwiebel
4 gehäufte EL Hefeflocken
1 TL Apfelessig
⅓ TL geriebene Muskatnuss
500 g Makkaroni oder andere kleine Nudeln
1 gehäufter EL Semmelbrösel

1. Den Backofen auf 180 °C (Ober- und Unterhitze) vorheizen.

2. Den Kürbis mit der Schale nach unten auf ein mit Backpapier ausgelegtes Backblech legen, mit dem Olivenöl beträufeln, leicht salzen und pfeffern. Die ungeschälten Knoblauchzehen danebenlegen. So lange im Backofen backen, bis der Kürbis schön weich ist, das dauert etwa 40 Minuten. Abkühlen lassen und die Schale entfernen. Das weiche Knoblauchfruchtfleisch aus den Schalen kratzen. Den Ofen anlassen.

3. In einem großen Topf für die Nudeln gesalzenes Wasser zum Kochen bringen.

4. Den Kürbis zusammen mit dem weichen Knoblauch, dem Cashewmus, der Pflanzenmilch, der granulierten Zwiebel, den Hefeflocken, dem Essig, der Muskatnuss und ½ TL Salz in einen Mixer geben. Bei höchster Stufe längere Zeit mixen, bis eine glatte und homogene Masse entsteht. Abschmecken und je nach Geschmack mit etwas Salz, Pfeffer, Hefeflocken oder Zwiebel nachwürzen.

5. Die Nudeln nach Packungsanweisung kochen, dann abgießen und in eine Auflaufform füllen. Die Butternutcreme darübergeben, untermischen und den Auflauf mit den Semmelbröseln bestreuen. Bei 180 °C 20 Minuten überbacken oder so lange, bis die Semmelbrösel eine goldgelbe Farbe bekommen und knusprig sind. Die Mac and Cheese warm servieren. Sie können das Gericht auch abkühlen lassen und 48 Stunden im Kühlschrank aufbewahren. Dann vor dem Servieren im Backofen wieder aufwärmen.

INSPIRATIONEN AUS ALLER WELT

MISOSUPPE
mit Buchstabennudeln

Dieses Süppchen, fertig in gerade mal 10 Minuten, wird gerade Kindern gefallen und versorgt sie zudem mit Protein aus dem Getreide, Enzymen aus dem Miso und den wunderbaren Mineralien aus den Algen. Sie können zusätzlich einige Tofuwürfel (fester Natur- oder Räuchertofu) hineingeben (rechnen Sie etwa 40 g pro Person), Lauchzwiebel oder gehackte Erdnüsse. Normalerweise verwendet man ein eher mildes Miso für die Zubereitung dieser Suppe, aber Sie können natürlich einen Teil oder alles durch ein dunkleres Miso ersetzen, das stärker im Geschmack ist – dann jedoch die Tamarisauce weglassen. Algenflocken findet man übrigens in der Asia-Abteilung oder im Gewürzregal von Biomärkten. Und wenn Sie das Glück haben, dort außerdem Dashi-Brühe aufzutreiben, verwenden Sie diese anstelle der Gemüsebrühe!

2–4 Personen

Zubereitungszeit: 3 Minuten
Kochzeit: 7 Minuten

1 TL Instant-Gemüsebrühe
1 TL Tamari
100 g Buchstabennudeln
3 TL Algenflocken
1 EL weißes Miso

1. Die Gemüsebrühe und die Tamarisauce zusammen mit 600 ml Wasser in einem Topf verrühren. Zum Kochen bringen, dann die Nudeln hineingeben, umrühren und so lange leise köcheln lassen, wie auf der Packung angegeben ist. 30 Sekunden vor Ende der Garzeit die Algenflocken hinzufügen.

2. Die Suppe vom Herd nehmen und das Miso dazugeben. Dazu können Sie die Paste mit einem Löffel durch ein feines Sieb streichen, das Sie in die Suppe halten.

3. Mit einer Suppenkelle auf Schüsseln verteilen und die gewünschten zusätzlichen Zutaten hineingeben.

INSPIRATIONEN AUS ALLER WELT

PAPPARDELLE
mit Spinat und cremiger Hummussauce

Dieses einfache Rezept ist etwas für Hummus-Liebhaber: Sie müssen nur den Hummus mit frisch gekochtem Gemüse vermischen (hier Spinat) und mit dem Kochwasser der Nudeln etwas verlängern, sodass Sie eine cremige und würzige Sauce erhalten. Sie können natürlich auch fertigen Hummus verwenden oder den Hummus nach einem anderen Rezept zubereiten (rechnen Sie etwa 180 g), wenn Sie bereits ein Lieblingsrezept dafür haben. Die Pappardelle können Sie durch Tagliatelle oder andere, ähnlich geformte Nudeln ersetzen. Auch beim Gemüse kann nach Lust und Saison variiert werden: zum Beispiel vorgekochte Kürbiswürfel im Winter, frische Tomaten oder Zucchini im Sommer, Rosenkohl oder Brokkoli im Herbst.

4 Personen

Zubereitungszeit: 20 Minuten
Kochzeit: 10 Minuten

Für den Hummus:
150 g gekochte Kichererbsen
(aus der Dose)
1 kleine Knoblauchzehe
25 g Tahin (helles Sesammus)
15 g Zitronensaft
1 gehäufter TL
Kreuzkümmelpulver
½ TL Salz
40 g Olivenöl

Außerdem:
300 g Pappardelle
200 g frischer Spinat
1 Knoblauchzehe
1 EL Olivenöl
2 Tomaten oder 1 große
Handvoll Kirschtomaten sowie
aromatische Kräuter
zum Servieren (optional)

1. Für den Hummus die Kichererbsen abspülen, abtropfen lassen und mit 50 g Wasser mixen. Den Knoblauch schälen, den Keim entfernen und die Zehe zerdrücken. Zusammen mit dem Tahin, dem Zitronensaft, dem Kreuzkümmel und dem Salz zu den Kichererbsen geben und alles pürieren. Dabei nach und nach das Olivenöl hineingeben und mixen, bis eine glatte Creme entsteht.

2. Die Nudeln nach Packungsanweisung kochen, dann abgießen und dabei ein kleines Glas vom Kochwasser auffangen.

3. Den Spinat waschen, die harten Teile der Stängel entfernen und die Blätter gut abtropfen lassen. Den Knoblauch schälen, den Keim entfernen und die Zehe zerdrücken. Das Olivenöl mit dem Knoblauch in einem Topf erhitzen, den Spinat dazugeben und einige Minuten zusammenfallen lassen. Dann den Hummus hineingeben und unterrühren. Ein wenig Kochwasser (etwa 40 g) dazugeben und rühren, bis eine flüssige Creme entsteht.

4. Die Nudeln hinzufügen und vermischen, damit sie sich gut mit der Sauce verbinden. Wenn nötig nachwürzen und sofort servieren. Nach Wunsch mit Tomatenscheiben und/oder aromatischen Kräutern verfeinern.

INSPIRATIONEN AUS ALLER WELT

SPAGHETTI À LA BRETONNE

Dieses Gericht wird allen gefallen, die den Geschmack von Meer lieben!
Meeresspaghetti schmecken außergewöhnlich mild – wenn Sie noch nie frische
Algen probiert haben, ist das der perfekte Einstieg. Man findet sie häufig
im Kühlregal von Biomärkten und sie halten sich mehrere Wochen im Kühlschrank.
Zur Zubereitung reicht es, sie in reichlich Wasser zu legen, damit sie sich voll-
saugen können und etwas weniger salzig schmecken. Der geröstete Buchweizen
verleiht dem Rezept eine knusprige Note, während die flüssige Creme aus
Cashewnüssen und Apfelessig, die in einer kurzen Mixerrunde fertig ist,
an eine vegane und sehr cremige Variante der berühmten bretonischen
Lait Ribot (eine Art Buttermilch) erinnert.

4 Personen

Zubereitungszeit: 20 Minuten
Einweichzeit: 4 Stunden
Kochzeit: 10 Minuten

100 g Meeresspaghetti
70 g Cashewnüsse (4 Stun-
den in reichlich Wasser
eingeweicht)
1 Prise Meersalz
1½ TL Apfelessig
70 g ungeschälter Buchweizen
400 g Spaghetti

1. Die Meeresspaghetti in eine große Schüssel mit kaltem Wasser legen, etwa 10 Sekunden mit den Fingern verrühren, dann
das Wasser austauschen und die Algen 5 Minuten ruhen lassen.
Abspülen und abtropfen lassen, dann eine Alge probieren und
testen, wie salzig sie noch schmeckt. Eventuell den zweiten
Schritt wiederholen. Zur Seite stellen.

2. Für die Nudeln einen großen Topf mit Salzwasser zum
Kochen bringen.

3. In der Zwischenzeit die Cashewnüsse abspülen und mit
110 ml Wasser und dem Salz (es sei denn, die Algen sind salzig
genug) ausgiebig mixen. Den Essig dazugeben und vermischen.

4. Den Buchweizen ein paar Minuten in einer Pfanne ohne Fett
rösten, dabei ständig umrühren, bis er eine schöne goldbraune
Farbe hat und nussig duftet. Vom Herd nehmen und zur Seite
stellen.

5. Die Nudeln nach Packungsanweisung kochen, dann abgießen
und vorsichtig mit der Creme und den Meeresspaghetti
vermischen. Sofort servieren und den gerösteten Buchweizen
dazu reichen.

INSPIRATIONEN AUS ALLER WELT

RAFFINIERT
und
kreativ

CONCHIGLIONI
mit Kresse-Ricotta

Conchiglioni sind große, muschelförmige Nudeln, die gefüllt werden können. In diesem Rezept wird der vegane Ricotta aus Cashewnüssen und Tofu mit ein wenig Kresse verfeinert – sie bringt einen angenehmen geschmacklichen Kontrast und eine hübsche frühlingshafte Farbe in die Creme.

4 Personen

Einweichzeit: 3–4 Stunden
Zubereitungszeit: 20 Minuten
Kochzeit: 15 Minuten

2 Schalotten
1 Knoblauchzehe
2 EL Olivenöl
1 großes Bund Brunnenkresse
120 g Cashewnüsse
(für 3–4 Stunden in reichlich Wasser eingeweicht)
140 g Seidentofu
1 EL Zitronensaft
250 g Conchiglioni
Salz, Pfeffer

1. Die Schalotten und den Knoblauch schälen und fein hacken. 1 EL Olivenöl in einem Topf erhitzen und Knoblauch und Schalotten darin anschwitzen.

2. Die Stiele der Kresse entfernen, die Blätter waschen, mit einem sauberen Geschirrtuch trocken tupfen und mit in den Topf geben. 2 Minuten dünsten und zur Seite stellen.

3. Die Cashewnüsse abwaschen und mit dem Tofu, dem Zitronensaft, dem restlichen Olivenöl, ½ TL Salz und paar Umdrehungen mit der Pfeffermühle mixen, bis eine gleichmäßige, aber noch leicht körnige Konsistenz erreicht ist. Die Kresse dazugeben und stoßweise mixen, die Creme soll sich nicht ganz verbinden.

4. Die Nudeln in reichlich Salzwasser nach Packungsanweisung kochen, gut abtropfen lassen und mit dem Kresse-Ricotta füllen. Sofort servieren.

Variante

Für einen dickeren Ricotta können Sie den Seidentofu durch festen Tofu ersetzen und, wenn nötig, beim Mixen ein wenig Wasser hinzufügen (nicht mehr als 50 ml).

SPAGHETTI
mit Pfifferlingen und Haselnusscreme

Pfifferlinge sind köstlich und lassen sich einfach und schnell zubereiten – es reicht, sie ein paar Minuten in der Pfanne mit Knoblauch und einer Schalotte anzudünsten und sie über einen schönen Teller mit Nudeln zu geben. Meine persönliche Note: eine cremige und aromatische Haselnusssauce, die für den entscheidenden Unterschied sorgt und jedes Herbst-/Winter-Gemüse aufwertet (wie z. B. Kürbis, Pastinaken oder Steckrüben). Pfifferlinge findet man häufig auf dem Wochenmarkt, aber wenn Sie gerade keine zur Hand haben, können Sie das Rezept auch mit Shiitake oder anderen Pilzen zubereiten.

2 Personen

Zubereitungszeit: 20 Minuten
Kochzeit: 10 Minuten

200 g Pfifferlinge
1 Schalotte
1 EL Olivenöl
1 Knoblauchzehe
Salz, Pfeffer
160 g Spaghetti
30 g Haselnussmus
50 ml vegane Sahne
1 Prise Muskatnuss
6–8 Haselnüsse, grob gehackt
1 gehäufter TL frisch gehackte Petersilie

1. Einen Topf mit reichlich Salzwasser zum Kochen bringen.

2. In der Zwischenzeit die Pfifferlinge verlesen und vorsichtig mit einem Küchenpapier oder einem sauberen Geschirrtuch reinigen – auf keinen Fall waschen, damit sie sich nicht mit Wasser vollsaugen. Die Stielenden abschneiden.

3. Die Schalotte schälen, fein hacken und im Olivenöl 2 bis 3 Minuten anschwitzen. Dann die Pilze hinzufügen und 3 Minuten bei mittlerer Hitze mitbraten, dabei regelmäßig umrühren. Den Knoblauch schälen, den Keim entfernen, die Zehe hacken und in der letzten Minute dazugeben. Salzen, pfeffern und warm halten.

4. Die Nudeln nach Packungsanweisung kochen.

5. Für die Haselnusscreme das Haselnussmus mit der Sahne, der Muskatnuss und 1 Prise Salz in einer kleinen Schüssel verrühren.

6. Die Nudeln abgießen und mit der Haselnusssauce vermischen. Auf Teller verteilen und die Pfifferlinge, die gehackten Haselnüsse sowie die Petersilie darübergeben. Sofort servieren.

RAFFINIERT UND KREATIV

GNOCCHI ALLA ROMANA
mit Spaghettikürbis

Als ich klein war, hat meine Großmutter häufig ihre Gnocchi alla romana für mich gekocht: große gebutterte Nocken aus Hartweizengrieß, bedeckt mit einer Tomatensauce und geriebenem Käse. Ich habe sie geliebt und lange geglaubt, es sei das einzige Rezept für Gnocchi. Heute zeige ich Ihnen meine Neu-Interpretation aus 100 % Gemüse, denn der Spaghettikürbis mit seiner interessanten Textur ersetzt den Hartweizengrieß. Die Polenta ist optional, aber sie macht die Gnocchi knusprig und ihre goldgelbe Farbe ist ein schöner Kontrast zur Tomatensauce. Unbedingt mit der Großmutter teilen!

4 Personen

Zubereitungszeit: 20 Minuten
Garzeit: 50 Minuten

1 Spaghettikürbis (etwa 1,2 kg)
7 TL Olivenöl
400 g Tomaten, geschält und gehackt (frisch oder aus der Dose)
1 gute Prise brauner Zucker
1 gestrichener TL getrockneter Thymian
1 TL Balsamico-Essig
Salz
⅓ TL Knoblauchpulver
Pfeffer
2 TL Polenta

1. Den Backofen auf 180 °C (Ober- und Unterhitze) vorheizen.

2. Den Kürbis der Länge nach halbieren und die Kerne mit einem Löffel entfernen. Das Fruchtfleisch mit 2 TL Olivenöl beträufeln und 1 Prise Salz bestreuen. Die Kürbishälften umdrehen und mit der Schnittfläche nach unten auf ein Backblech legen. Etwa 30 Minuten backen, dann aus dem Backofen nehmen und abkühlen lassen.

3. In der Zwischenzeit die Tomaten mit dem Zucker, dem Thymian und dem Essig in einen Topf geben, ½ gestrichenen TL Salz hinzufügen und die Sauce 30 Minuten leise köcheln lassen. Dabei den Deckel schräg aufsetzen, um Spritzer zu vermeiden, und ab und zu umrühren.

4. Das Kürbisfruchtfleisch mit einer Gabel von der Schale kratzen und dabei auseinanderzupfen, sodass kurze Spaghetti entstehen. In eine Schüssel geben und vorsichtig mit 3 TL Olivenöl, dem Knoblauchpulver, ½ TL Salz und einigen Umdrehungen aus der Pfeffermühle vermischen.

5. Mit einer Gabel aus der Spaghettikürbis-Masse kleine Nester formen und diese nebeneinander in eine Auflaufform setzen. In die Mitte der Nester jeweils eine Kuhle drücken und 1 EL Tomatensauce hineinfüllen. Mit ein wenig Polenta bestreuen und mit dem restlichen Olivenöl beträufeln. 20 Minuten im Backofen backen und warm genießen.

RAFFINIERT UND KREATIV

Ravioli aus Reisblättern
mit Tofu, Kräutern und Gartenblüten

Diese raffinierten Ravioli sind mit fermentiertem Tofu gefüllt, der nach Frischkäse schmeckt, außerdem mit Kräutern und Blüten aus dem Garten. Genießen Sie sie als Vorspeise, zu einem fancy Aperitif oder sogar als Hauptgericht mit einem großen gemischten Salat.

4 Personen

Zubereitungszeit: 30 Minuten
Kochzeit: 15 Minuten

200 g fermentierter Tofu
2 EL Sesamöl
2 gehäufte TL weiße Misopaste
abgeriebene Schale von ½ Zitrone
1 EL Zitronensaft
Salz, Pfeffer
2 gestrichene EL frisch gehackte aromatische Kräuter Ihrer Wahl (z. B. Schnittlauch, Petersilie, Minze, Basilikum, Estragon, Koriander) und/oder kleine essbare Blüten
12 kleine Reisblätter
ein paar dekorative Blätter oder Blüten

1. Den Tofu mit 1 EL Sesamöl, der Misopaste, der Zitronenschale und dem Zitronensaft grob mixen oder zerdrücken, salzen und pfeffern. Die gehackten Kräuter zusammen mit den Blüten, falls verwendet, zu der Mischung geben.

2. 1 Reisblatt in kaltes Wasser tauchen und auf einen leicht geölten Teller legen. Einen Moment quellen lassen, damit das Blatt formbar wird. Ein paar dekorative Blätter und Blüten in die Mitte legen und 1 EL Tofu-Mischung daraufgeben. Diese zu einem Viereck von etwa 5 cm Seitenlänge zusammendrücken. Das Reisblatt vorsichtig über der Füllung zusammenschlagen und alles zu einem Würfel formen (dabei aufpassen, dass das Reisblatt nicht zerreißt). Den Vorgang mit den restlichen Reisblättern, dem restlichen Tofu, den Kräutern, Blättern und Blüten wiederholen.

3. Das restliche Sesamöl in einer beschichteten Pfanne auf mittlere Stufe erhitzen und die Ravioli darin 4 Minuten von jeder Seite braten. Sie sollen knusprig werden, aber nicht zu dunkel. Warm oder lauwarm servieren.

Tipp

Damit es schneller geht, stelle ich drei geölte Teller auf meine Arbeitsplatte und lege nach und nach die feuchten Reisblätter darauf, die quellen und formbar werden, während ich die vorherigen fülle. Wenn die Reisblätter zu schnell austrocknen, können Sie sie wieder leicht mit einem Pinsel befeuchten.

MAFALDINE
mit knusprigen Auberginen und veganer Sesam-Mayonnaise

Viele stehen immer wieder ratlos vor der Frage, wie sie Auberginen zubereiten sollen – vollkommen unnötig, wie ich finde, eignen sie sich doch für so viele leckere Gerichte. Hier habe ich mich dafür entschieden, sie auf gesunde und leichte Art mit Polenta und Pflanzenmilch zu panieren. Auf diese Weise werden sie knusprig-zart, ohne dass sie in Öl ertrinken, was in der konventionellen Küche oft der Fall ist (Auberginen sind echtes Löschpapier). Achten Sie darauf, die Auberginen in wirklich feine Scheiben zu schneiden, damit sie nicht so lange brauchen, bis sie gar sind! Die gelingsichere und wirklich verblüffende Mayonnaise ist ein angenehm cremiger Gegensatz dazu, während das Basilikum und die Zitrone dem Ganzen einen Touch Frische verleihen.

4 Personen

Zubereitungszeit: 25 Minuten
Kochzeit: 10 Minuten

2 große Auberginen
4 EL Olivenöl
150 ml Pflanzenmilch (z. B. Soja- oder Hafermilch)
4–6 EL Polenta
Fleur de Sel
400 g Mafaldine oder Nudeln mit einer ähnlichen Form (z. B. Fusilli oder Farfalle)
1 gehäufter EL Cashewmus
1 gehäufter EL Sesammus
4 EL pflanzlicher Joghurt (z. B. Kokos- oder Sojajoghurt)
1 TL Senf
abgeriebene Schale von ½ Bio-Zitrone
2 TL Zitronensaft
12 Basilikumblätter
Salz, Pfeffer

1. Die Auberginen waschen und in sehr feine Scheiben schneiden. Besonders gut geht das mit einem gezackten Messer. Die Milch und die Polenta jeweils in einen kleinen tiefen Teller geben. Die Hälfte des Olivenöls in einer großen Pfanne erhitzen. Die Hälfte der Auberginenscheiben in die Milch tauchen, dann in der Polenta wälzen und von jeder Seite im Olivenöl anbraten, bis sie außen schön goldbraun und knusprig und innen zart sind. Den Vorgang mit den restlichen Auberginenscheiben wiederholen. Auf einem Küchenpapier abtropfen lassen und mit Fleur de Sel bestreuen.

2. Die Nudeln nach Packungsanweisung kochen und dann abgießen.

3. Das Cashewmus und das Sesammus mit dem Joghurt in einer kleinen Schüssel vermischen, bis eine glatte Creme entsteht. Den Senf, die Zitronenschale und den Zitronensaft dazugeben und verrühren, salzen und pfeffern. Die Creme über die Nudeln geben und vorsichtig untermischen, dann die Auberginen und die Basilikumblätter dazugeben. Sofort servieren oder im Kühlschrank aufbewahren und als Salat genießen – in diesem Fall das Basilikum erst kurz vor dem Servieren dazugeben.

Pink Pasta
mit Rote-Bete-Sauce und Portulak

Dieses unglaublich einfache Rezept wird bei Kindern wie Erwachsenen für Begeisterung sorgen: Die Rote-Bete-Sauce verleiht den Spaghetti eine wunderschöne zartrosa Farbe. Je mehr Sauce Sie verwenden, umso intensiver wird die Farbe, Sie können also nach Lust und Laune dosieren und den Rest in einer Schüssel auf den Tisch stellen. Ich empfehle Ihnen, die Nudeln mit Portulak zu servieren, er ist knackig und lecker und bringt den hübschen Purpurton noch besser zur Geltung. Sie können aber auch Spinatblätter, Rucola oder Kresse verwenden. Wenn Sie möchten, geben Sie im Backofen geröstete Walnusskerne dazu, die einen schönen Kontrast in Textur und Geschmack bringen. Gut zu wissen: Die Sauce schmeckt auch kalt in einem Nudelsalat köstlich.

4 Personen

Zubereitungszeit: 15 Minuten
Kochzeit: 10 Minuten

230 g gekochte Rote Bete
110 g Seidentofu
1 EL Walnussöl
1 große Prise Paprikapulver
Salz, Pfeffer
400 g Spaghetti oder Tagliatelle
2 große Handvoll Portulak

1. Die Rote Bete mit dem Tofu, dem Öl, dem Paprikapulver, Salz und Pfeffer gut mixen, bis eine cremige, glatte Sauce entsteht.

2. Die Nudeln nach Packungsanweisung kochen, dann abgießen und dabei ein wenig Kochwasser auffangen. Mit der Rote-Bete-Sauce vermischen und, wenn nötig, ein wenig Nudelwasser dazugeben, damit Nudeln und Sauce sich gut verbinden.

3. Den Portulak kurz waschen und vorsichtig mit einem sauberen Geschirrtuch abtupfen. Kurz vor dem Servieren mit den Nudeln vermischen.

Tipp

Sie können das Gericht mit im Backofen gerösteten Walnusskernen servieren: Dafür 50 g Walnusskerne auf einem Backblech verteilen und 8 Minuten bei 180 °C (Ober- und Unterhitze) rösten. Grob hacken und über die Nudeln geben oder in einer Schüssel auf den Tisch stellen.

RAFFINIERT UND KREATIV

Süßkartoffel-Gnocchi

Diese hübschen glutenfreien Gnocchi werden von einer sahnigen Creme aus Esskastanien und Haselnüssen begleitet. Garen Sie die Süßkartoffeln am besten im Backofen, damit der Teig nicht zu flüssig wird, und ersetzen Sie, wenn gewünscht, das Hafermehl durch fein gemahlene Haferflocken oder durch ein anderes Mehl nach Wahl.

2 Personen

Zubereitungszeit: 20 Minuten
Kochzeit: 10 Minuten

Für die Gnocchi:
50 g Vollkornreismehl + ein wenig für die Arbeitsfläche
40 g Hafermehl (glutenfrei, falls gewünscht)
30 g Pfeilwurzelmehl
½ TL Salz
300 g Süßkartoffeln (im Backofen gebacken, lauwarm, siehe Tipp rechts)
1 EL Oliven- oder Kokosöl
1 große Handvoll Spinat

Für die Creme:
½ TL Instant-Gemüsebrühe
100 g vorgekochte Esskastanien
Saft von ½ Orange
2 TL Haselnussmus
1 TL Tamari
Salz, Pfeffer

1. Die Mehle mit dem Pfeilwurzelmehl und dem Salz mischen und eine Kuhle hineindrücken. Die Süßkartoffeln schälen, pürieren und in die Kuhle geben. Mit der Hand kneten, bis eine gleichmäßige Teigkugel entsteht – aber nicht zu lange kneten, sonst wird der Teig klebrig. In vier Portionen teilen. Die Arbeitsplatte mit Mehl bestäuben und jedes Teigstück zu einer Rolle von etwa 1,5 cm Durchmesser formen. Davon kleine, 2 cm lange Stücke abschneiden. Wenn gewünscht, die Stücke mit einer Gabel flach drücken, damit die typischen Rillen entstehen.

2. Einen großen Topf mit Salzwasser zum Kochen bringen und die Gnocchi darin einige Minuten kochen, bis sie nach oben steigen. Mit einem Schaumlöffel nach und nach herausnehmen und auf einen großen Teller legen. In einer beschichteten Pfanne das Oliven- oder Kokosöl erhitzen und die Gnocchi darin einige Minuten anbraten.

3. Für die Sauce 100 ml Wasser mit der Gemüsebrühe erwärmen. Mit den Esskastanien, dem Orangensaft, dem Haselnussmus und der Tamarisauce pürieren. Salzen, pfeffern und je nach gewünschter Konsistenz noch etwas Wasser hinzufügen.

4. Die Gnocchi heiß mit den Spinatblättern und der Kastaniencreme servieren.

Tipp

Um die Süßkartoffeln zu garen, die Schale tief mit einem scharfen Messer einschneiden und die Süßkartoffeln auf ein Backblech legen. Bei 190 °C (Ober- und Unterhitze) backen, bis sie schön weich sind (30 Minuten bis 1 Stunde, je nach Größe). Sie können eine größere Menge zubereiten und sie einfrieren, sobald sie abgekühlt sind. Für die 300 g aus dem Rezept rechnen Sie etwa 350 g ungekochte Süßkartoffeln.

Reis-Tagliatelle
mit schwarzem Knoblauch, Zucchini und Salzzitrone

Leicht, frisch und raffiniert – diese Tagliatelle sind ein ideales Sommeressen. Der schwarze Knoblauch ist mit seiner zart schmelzenden Konsistenz und seinem süßsauren Geschmack ein wahres Wunder – wenn Sie ihn nicht finden, ersetzen Sie ihn durch im Backofen geschmorten Knoblauch.

4 Personen

Zubereitungszeit: 25 Minuten
Kochzeit: 10 Minuten

800 g Zucchini
2 EL Olivenöl
2 EL Sesamöl
2 TL Zitronensaft
2 TL Tamari
6 schwarze Knoblauchzehen
1 Salzzitrone
500 g Reisnudeln (Tagliatelle oder andere), weiß oder Vollkorn
Salz
einige Minze- oder Basilikumblättchen zum Servieren (optional)

1. Die Zucchini waschen und einige Streifen der Schale mit einem Gemüseschäler abschälen, dann zu Tagliatelle schneiden, bis die Kerne im Inneren erreicht sind.

2. Einen großen Topf mit Salzwasser für die Nudeln zum Kochen bringen.

3. Die Zucchini-Tagliatelle mit ein wenig Wasser und dem Olivenöl in eine Sauteuse oder einen großen Topf geben und abgedeckt bei mittlerer Hitze 5 Minuten garen oder so lange, bis sie gerade so weich sind. Den Deckel abnehmen und die Zucchini-Nudeln zur Seite stellen.

4. Das Sesamöl, den Zitronensaft und die Tamarisauce in einer kleinen Schüssel verrühren. Die Knoblauchzehen schälen und in Scheiben schneiden. Die Schale der Salzzitrone abziehen und in kleine Würfel schneiden.

5. Die Nudeln nach Packungsanweisung kochen, dann abgießen und die Zucchini sowie die Sesamöl-Mischung, den Knoblauch und die Salzzitrone hinzufügen. Leicht salzen und vorsichtig umrühren.

6. Wenn gewünscht, mit ein wenig Minze oder Basilikum garnieren und sofort servieren.

LINGUINE
mit Spargel im Tempuramantel

Das Geheimnis eines leichten Tempurateigs: der Kontrast zwischen heißem Frittierfett und Eiswasser, mit dem der Teig ganz knapp vor dem Frittieren zubereitet wird. Hier kommt eine Version mit knusprigem Spargel, begleitet von leckeren Linguine und einer Miso-Variante meiner Lieblings-Mayonnaise.

4 Personen

Zubereitungszeit: 30 Minuten
Kochzeit: 20 Minuten

etwa 20 Stangen grüner Spargel
3 EL Cashewmus
1 gehäufter EL weiße Misopaste
6 EL Sojajoghurt
1 TL abgeriebene Schale einer Bio-Zitrone
3 TL Zitronensaft
Salz
500 g Linguine oder andere lange Nudeln Ihrer Wahl
50 g Weizenmehl (Type 1050)
50 g Vollkornreismehl
Speiseöl zum Frittieren
2 EL Olivenöl
Pfeffer

1. Einen Krug mit Wasser und Eiswürfeln im Kühlschrank bereitstellen. Den Spargel waschen, die holzigen Enden abschneiden und die Stangen bis 1 cm unter die Köpfe schälen. Etwa 10 Minuten dampfgaren – sie sollen gar sein, aber noch Biss haben.

2. Für die Misonaise Cashewmus, Misopaste und Sojajoghurt in einer kleinen Schüssel verrühren. Die abgeriebene Zitronenschale und 2 EL Zitronensaft hinzufügen, vorsichtig salzen und alles verrühren. Einen großen Topf mit Salzwasser zum Kochen bringen und die Linguine hineingeben.

3. In einer Pfanne oder Sauteuse das Frittieröl erhitzen. Es sollte mindestens 0,5 cm hoch in der Pfanne stehen. 100 g Eiswasser in einen tiefen Teller schütten. Jeweils die Hälfte der Mehle mischen und über den Teller sieben. Ganz leicht mit einer Gabel umrühren, aber nicht vollständig vermischen; es sollen kleine Mehlklümpchen zurückbleiben. Die Hälfte der Spargelstangen darin wälzen und nebeneinander in die Pfanne geben. Einige Minuten braten, bis der Teig goldbraun ist, dann drehen und noch mal ein paar Minuten braten. Zum Abtropfen auf Küchenpapier legen. Mit dem restlichen Mehl erneut einen Teig zum Ausbacken herstellen und den Vorgang mit dem übrigen Spargel wiederholen.

4. Die Nudeln abgießen, mit dem Olivenöl und dem restlichen Zitronensaft vermischen, salzen und pfeffern. Auf Teller verteilen, den Spargel im Tempuramantel darauf anrichten und mit der Misonaise servieren.

Clémence Catz

HEEL

ORECCHIETTE
mit Rhabarbersauce und Gartenkräutern

Liebe Fans der kreativen und unkonventionellen Küche, dieses Rezept ist für euch! Man mag es nicht glauben, aber Rhabarber macht sich wunderbar in herzhaften Gerichten, die er mit seiner angenehmen Säure abrundet. Ich habe ihn hier mit Balsamico-Essig zubereitet, eine wirklich gelungene Kombination, zu der ich ein wenig Ahornsirup für die Süße und eine Prise Piment d'Espelette für die Schärfe hinzugefügt habe. Last but not least, ein schönes Bund würziger Kräuter für die Frische und die Vitamine. Schälen Sie den Rhabarber nicht, seine rötliche Schale wird beim Kochen weich und so erhalten Sie die hübsche rosa Farbe, die den Charme ausmacht. Sie können den Balsamico-Essig durch Zitronensaft ersetzen und zum Anrichten essbare Blüten verwenden, wenn Sie welche finden, oder ganz einfach blühende Thymianstängel. Ein echtes Frühlings-Kunstwerk ...

4 Personen

Zubereitungszeit: 15 Minuten
Kochzeit: 25 Minuten

250 g Rhabarber (1 große Stange)
1 rote Zwiebel
1 Knoblauchzehe
1 EL Olivenöl
½ EL Ahornsirup
2 EL Balsamico-Essig
Salz, Pfeffer
1 Prise Piment d'Espelette
350 g Orecchiette
1 Bund gemischte Kräuter Ihrer Wahl (z. B. Basilikum, Minze, Estragon, Oregano, Bohnenkraut, Schnittlauch)

1. Den Rhabarber waschen und in 2 bis 3 cm große Stücke schneiden (schälen ist nicht nötig). Zwiebel und Knoblauch schälen, den Knoblauch vom Keim befreien, beides hacken und im Olivenöl anschwitzen. Den Rhabarber, den Ahornsirup und den Balsamico-Essig hinzufügen, einen Deckel aufsetzen und alles etwa 15 Minuten bei mittlerer Hitze garen, dabei ab und zu umrühren. Sollte die Sauce zu trocken werden oder ansetzen, ein wenig Wasser dazugeben. Salzen, pfeffern, das Piment d'Espelette hinzufügen und je nach Wunsch mehr oder weniger fein pürieren.

2. Die Nudeln nach Packungsanweisung kochen. Die Kräuter waschen, trocken schütteln und die Blättchen von den Stielen zupfen. Die Orecchiette abgießen, mit der Rhabarbersauce und den würzigen Kräutern vermischen und servieren.

RAFFINIERT UND KREATIV

BLACK PASTA
mit Hokkaido und Salbei

Dieser tolle Überraschungs-Hokkaido verblüfft mit schwarzen Nudeln, die mit Aktivkohle eingefärbt werden, und ist gefüllt mit gebackenen Kürbiswürfeln à l'orange und knusprigen Salbeiblättern. Ein echtes Festmahl, ideal für Halloween!

4 Personen

Zubereitungszeit: 20 Minuten
Garzeit: 30 Minuten

1 großer oder mehrere kleine
Hokkaido-Kürbisse
(insgesamt etwa 2 kg)
1 Knoblauchzehe
Saft von ½ Orange
1 TL Zitronensaft
4 EL Olivenöl
Salz, Pfeffer
300 g Tagliatelle, mit Aktivkohle eingefärbt (siehe
Seite 18)
12 frische Salbeiblätter

1. Den Backofen auf 180 °C (Ober- und Unterhitze) vorheizen.

2. Den Hokkaido waschen, den Deckel abschneiden und die Kerne mit einem Löffel entfernen. Das Fruchtfleisch bis auf 1 cm am Rand herauslösen (auch aus dem Deckel). 500 g von dem Fruchtfleisch in Würfel von 1 cm Kantenlänge schneiden und in eine Schüssel geben. Die ausgehöhlte Schale zur Seite stellen.

3. Den Knoblauch schälen, den Keim entfernen und die Zehe zerdrücken. Mit dem Orangen- und dem Zitronensaft, 2 EL Olivenöl, ½ TL Salz und ein paar Umdrehungen mit der Pfeffermühle in einer kleinen Schüssel verrühren. Über die Kürbisstücke geben und gut vermischen, dann den Kürbis gleichmäßig auf einem mit Backpapier ausgelegtem Backblech verteilen. Etwa 20 Minuten backen, bis der Kürbis weich und leicht angebräunt ist. Im ausgestellten Backofen warm halten.

4. Die Tagliatelle in reichlich gesalzenem Wasser kochen, dann abgießen und mit 1 Spritzer Olivenöl und 1 Prise Salz im Topf vermischen. Die Salbeiblätter in dem restlichen Olivenöl in einer Pfanne anbraten, dann auf einem Küchenpapier abtropfen lassen. Die Nudeln in den ausgehöhlten Kürbis füllen, die Salbeiblätter und die gebackenen Kürbiswürfel darübergeben, vorsichtig vermengen und sofort servieren.

RAFFINIERT UND KREATIV

Info

Wenn Sie Butternutcreme übrig haben, können Sie diese in kleinen Portionen in Muffinförmchen aus Silikon einfrieren – mit ein wenig Wasser aufgewärmt wird daraus ein leckeres Gemüsesüppchen!

RAVIOLI
mit Butternut und roten Linsen

Diese hübschen Ravioli werden von einer sehr cremigen Sauce begleitet, die viel wertvolles Protein enthält. Die die fertigen Ravioli können auch gut eingefroren werden – dann kann man sie direkt aus der Tiefkühltruhe ins kochende Wasser werfen und 1 Minute Kochzeit mehr einplanen.

2-3 Personen

Zubereitungszeit: 50 Minuten
Ruhezeit: 30 Minuten
Kochzeit: 30 Minuten

Für den Ravioliteig:
220 g Weizenmehl (Type 550) + ein wenig für die Arbeitsfläche
50 g Pfeilwurzelmehl
½ TL Salz
2 TL Olivenöl

Für die Füllung:
300 g Butternutkürbis-Fruchtfleisch
2 TL Kokosöl
1 TL Kreuzkümmelpulver
150 g rote Linsen
1 TL Kurkumapulver (oder frisch geriebene Kurkuma)
1 TL Ingwerpulver (oder frisch geriebener Ingwer)
Salz, Pfeffer

1. Mehl, Pfeilwurzelmehl und Salz in einer Schüssel vermischen, eine Kuhle hineindrücken und das Olivenöl sowie 50 ml Wasser hineingeben. Mit einem Löffel verrühren, dann nach und nach noch etwa 100 ml Wasser dazugeben und mit der Hand kneten, bis der Teig weich ist und nicht mehr klebt. Den Teig abgedeckt 30 Minuten ruhen lassen.

2. Währenddessen das Kürbisfruchtfleisch in kleine Würfel schneiden. Das Kokosöl in einem Topf mit dickem Boden erhitzen und den Kreuzkümmel darin 1 Minute erwärmen. Dann den Butternut hinzufügen und etwa 5 Minuten anbraten, dabei von Zeit zu Zeit umrühren. Die roten Linsen und 200 ml Wasser dazugeben, den Topf verschließen und alles bei sehr geringer Hitze 20 Minuten köcheln lassen, dabei, wenn nötig, etwas Wasser hinzufü-

gen. Wenn der Kürbis und die Linsen weich sind, Ingwer und Kurkuma hinzufügen, salzen und pfeffern. Die Mischung zu einer glatten Creme pürieren.

3. Den Nudelteig dritteln und die erste Portion so dünn wie möglich auf der leicht bemehlten Arbeitsplatte ausrollen. Grobe Kreise ausschneiden. Die Ränder leicht mit dem Finger oder einem Pinsel anfeuchten, jeweils 1 kleinen TL der Kürbiscreme in die Mitte der Kreise geben und den Teig darüber zusammenklappen, sodass Halbmonde entstehen. Die Ränder dabei gut zusammendrücken und verschließen. Den Vorgang mit den übrigen Teigportionen wiederholen.

4. Die Ravioli portionsweise (ist der Topf zu voll, kleben die Ravioli aneinander) in reichlich siedendem Salzwasser etwa 2 Minuten ziehen lassen, dann mit einem Schaumlöffel herausnehmen. Schön heiß genießen.

RAFFINIERT UND KREATIV

FARFALLE-SALAT
mit eingelegten Gurken und Minze

Dieser superfrische Nudelsalat verbindet die leichte Säure der in Essig eingelegten Gurken mit frischer Minze und pikantem rosa Pfeffer. Die Gurken halten sich
mehrere Wochen im Kühlschrank – wenn Sie Reste haben, schmecken diese köstlich
in einem grünen Salat oder auf einem Sandwich.

EINGELEGTE GURKEN
1 Glas (750 ml)

Zubereitungszeit: 10 Minuten
Kochzeit: 2 Minuten
Ruhezeit: 1 Woche

1 kleine Salatgurke (ca. 300 g)
12 Basilikumblätter
1 Frühlingszwiebel
1 TL rosa Pfeffer
1 TL grobes Meersalz
300 ml Apfelessig
60 g Rohrzucker

1. Die Gurke waschen. Wenn die Schale sehr fest ist, im Wechsel
einige Streifen schälen und stehen lassen. In etwa 2 mm dicke
Scheiben schneiden. Das Basilikum kurz waschen und vorsichtig
trocken tupfen. Die Frühlingszwiebel bis zur Hälfte des Grüns in
Scheiben schneiden. Die rosa Pfefferkörner in ein Glas geben,
die Gurken, die Frühlingszwiebel, das Basilikum und das Salz
hineinschichten und bis 2 bis 3 cm unter den Rand fest zusammendrücken.

2. Den Essig und den Zucker in einen Topf geben und 2 Minuten
bei kleiner Hitze köcheln lassen, dann über die Gurken gießen
(sie sollen gut bedeckt sein) und das Glas verschließen. Abkühlen lassen und vor dem Verzehr 1 Woche ziehen lassen.

FARFALLE-SALAT
4 Personen

Zubereitungszeit: 10 Minuten
Kochzeit: 10 Minuten

400 g Farfalle
(oder andere kurze Nudeln)
1 EL Rapsöl
4 Zweige frische Minze
1 EL rosa Pfefferkörner
Salz, Pfeffer
1 Glas eingelegte Gurken (siehe
Rezept oben)

1. Die Nudeln nach Packungsanweisung kochen, abgießen und
mit dem Rapsöl vermischen. Die Minze waschen, trocken tupfen
und die Minzblätter abzupfen. Mit dem rosa Pfeffer zu den
Nudeln geben, salzen und pfeffern.

2. Die eingelegten Gurken im Glas dazu servieren, sodass sich
jeder die gewünschte Menge nehmen kann.

RAFFINIERT UND KREATIV

HEEL Verlag GmbH
Gut Pottscheidt
53639 Königswinter
Tel.: 02223 9230-0
Fax: 02223 9230-13
E-Mail: info@heel-verlag.de
www.heel-verlag.de

© der deutschen Ausgabe:
2022 HEEL Verlag GmbH

First published in France under the title:
Pasta vegan – En cuisine avec Marie Laforêt
Copyright © 2020, Éditions Solar, un département d'Édi8
ISBN 978-2-263-17188-8

Layout: Julia Philipps
Fotografie: Chromostyle

Deutsche Ausgabe:
Projektleitung: Hannah Kwella
Übersetzung: Hanna Schmitz, www.textsachen.eu
Lektorat und Korrektorat: Julia Voigtländer, www.juliavoigtlaender.de
Satz und Umschlaggestaltung: Christine Mertens

Alle Rechte, auch die des Nachdrucks, der Wiedergabe in jeder Form
und der Übersetzung in andere Sprachen, behält sich der Heraus-
geber vor. Es ist ohne schriftliche Genehmigung nicht erlaubt, das
Buch und Teile daraus auf fotomechanischem Weg zu vervielfältigen
oder unter Verwendung elektronischer bzw. mechanischer Systeme
zu speichern, systematisch auszuwerten oder zu verbreiten.

– Alle Rechte vorbehalten –

Klimaneutral und unter Verwendung
FSC®-zertifizierten Materials gedruckt
Printed in Latvia

ISBN 978-3-96664-341-2

Rezept-Index

Béchamelsauce aus weißen Bohnen 33

Black Pasta mit Hokkaido und Salbei 124

Bunte Pasta 18

Cannelloni mit Mangold und Tofu 38

Cashewcreme 28

Conchigliette mit kandiertem Fenchel, Granatapfel und Spinat 82

Conchiglioni mit Kresse-Ricotta 116

Cremiger Nudelauflauf mit karamellisierten Schalotten 46

Crozets savoyard mit Lauch und Räuchertofu-Speck 94

Echte Kartoffel-Gnocchi 12

Einkorn-Tagliatelle 10

Erbsen-Chorba mit Minze und Vermicelli 104

Farfalle mit Bärlauchpesto, Hanfsamen und Radieschen 66

Farfalle-Salat mit eingelegten Gurken und Minze 120

Fettuccine Alfredo 48

Fusilli mit Paprikacreme und Basilikum 74

Gebratene Nudeln all'arrabiata 52

Geröstete Kerne mit Tamari 32

Geröstete Kichererbsen 29

Gnocchi alla romana mit Spaghettikürbis 128

Gremolata 30

Herbst-Minestrone mit Blumenkohl, Maronen und Topinambur 58

Karamellisierte Süßkartoffel-Orangen-Spaghetti 78

Knoblauch-Croûtons 26

Lasagneblätter mit Quinoa und Zitrone 16

Linguine alla puttanesca 40

Linguine mit Grünkohlpesto und Kürbiskernen 80

Linguine mit Spargel im Tempura-mantel 130

Mac and Cheese mit Butternut-kürbis 106

Mafaldine mit knusprigen Auberginen und veganer Sesam-Mayonnaise 134

Mafaldine mit Salbei, frischen Dicken Bohnen und knusprigen Mandeln 64

Mandel-Basilikum-Pesto 27

Misosuppe mit Buchstaben-nudeln 108

One-Pot-Pasta „Cheesy Brokkoli" 72

One-Pot-Pasta mit Curry und Kokos 92

Orecchiette mit Rhabarbersauce und Gartenkräutern 126

Orecchiette-Salat mit Mungo-bohnen, Avocado und Limette 76

Pappardelle mit Spinat und cremiger Hummussauce 110

Pasta Moussaka 100

Pfannen-Lasagne mit gegrillten Tomaten und Bohnen-Béchamel 42

Pink Pasta mit Rote-Bete-Sauce und Portulak 136

Ramen mit karamellisiertem Tempeh 90

Ravioli aus Reisblättern mit Tofu, Kräutern und Gartenblüten 132

Ravioli mit Butternut und roten Linsen 122

Raw Lasagne 68

Regenbogen-Pad-Thai 98

Reis-Tagliatelle mit schwarzem Knoblauch, Zucchini und

Salzzitrone 140

Risoni-Risotto mit Champignons 50

Sauce aus gegrillten Tomaten 25

Schnelle Shirataki-Nudeln mit roten Zwiebeln, Koriander und Erdnüssen 84

Soba-Nudeln mit Shiitake und Lauchzwiebeln 96

Spaghetti à la bretonne 112

Spaghetti bolognese 44

Spaghetti mit Pfifferlingen und Haselnusscreme 118

Spaghetti carbonara mit Auberginen-Bacon 54

Spaghetti mit Seitanbällchen und Tomatensauce 36

Stir-fry mit Chinakohl, Ingwer und Cashewnüssen 102

Süßkartoffel-Gnocchi 138

Tagliatelle tricolore mit Gemüse und Misocreme 86

Trofie aus Kichererbsenmehl 14

Trofiette al ragù 56

Trofiette mit Artischocken, Rucola und Sonnenblumen-kernen 70

Veganer Parmesan 24

Walnusspesto 31

Zoodles mit gegrilltem Knoblauch 62